UNDERSTANDING INTERNATIONAL BUSINESS

글로벌
비즈니스의 이해

김종칠·신균재·이응석·이양우

탑북스

머리말

오늘날 비즈니스 영역에서 보편화된 용어 중의 하나가 글로벌화(세계화)라고 할 수 있다. 이는 기업의 비즈니스 활동이 국경을 넘어 범 세계적으로 이루어지는 글로벌 비즈니스 현상이라는 것이다. 그러므로 글로벌 비즈니스는 기업의 글로벌 활동전개에 의해 이루어진다.

글로벌 비즈니스는 글로벌 기업환경을 전제로 수출입, 라이선싱 및 해외직접투자 등 글로벌기업 활동을 전개하여 기업이 원하는 효율과 성과를 얻고자 하는 것이다. 예전에는 특정한 기업이 수출·해외투자활동 또는 현지 기업 활동을 수행하여 해외시장에 진출하는 것 만을 기업의 글로벌 활동으로 인식했으나, 오늘날에는 국내 기업들도 세계 환경조건에 적응하며 기업 활동을 수행하지 않으면 안 되는 상황에 직면하였다. 이러한 비즈니스 환경을 새로운 기회로 맞이하고, 새로운 패러다임에 진취적으로 대응할 수 있는 지혜가 필요하다.

이러한 시대적 흐름에 맞추어 교양강좌로 '글로벌 비즈니스 이해'라는 과목을 개설하였다. 본 강좌의 의도는 대학생들이 글로벌 시대에 글로벌 비즈니스의 마인드를 고취시켜 글로벌 안목을 갖게 하는데 있다. 그러므로 글로벌 시대에 평범하게 살아갈 수 있는 글로벌 비즈니스 관련 용어와 이론을 상식적 차원에서 접근함으로써 이해의 폭을 넓히고자 알기 쉽게 기술하였다.

본 교재는 전체 7개의 장으로 구성하였다. 제1장의 글로벌화의 이해에서부터 제2장의 국제 금융환경, 제3장은 기업의 해외진출에 있어서 국제화 전략, 제4장은 기업의 해외시장진출 방식과 경로, 제5장은 국제마케팅의 개념과 그 전반적 내용, 제6장은 글로벌화의 실행단계라고 할 수 있는 수출입실무, 마지막 제7장에서는 글로벌 공급망관리까지 다루고 있다.

끝으로 본서가 글로벌 비즈니스에 관한 이해와 교양의 폭을 넓히는 계기가 되고, 본 강좌를 통하여 수강생 모두가 지식인으로서의 글로벌 소양을 함양하는데 일조하기를 바란다. 본 교재의 출간을 위해 도움을 주신 탑북스 사장님과 이동준 이사님께 감사드린다.

2022년 8월

저자 일동

차례

제1장 글로벌화의 이해

제2장 글로벌 금융환경의 이해

제3장 기업의 해외시장 진출과 해외 비즈니스의 전략

제4장 해외시장 진출 방식과 진출 경로 선택

제5장 국제마케팅

제6장 글로벌 무역관리

제 1 장
글로벌화의 이해

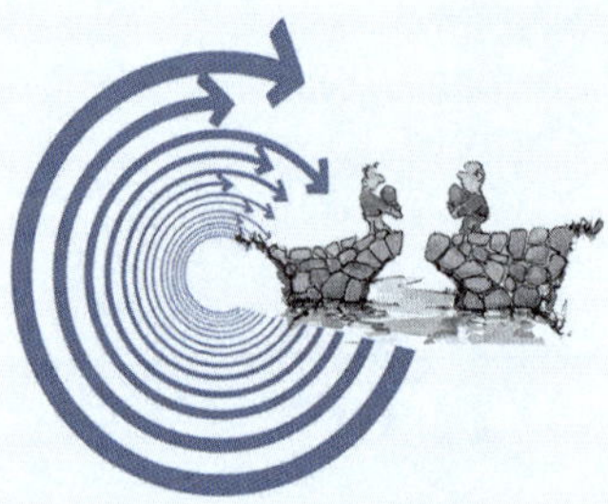

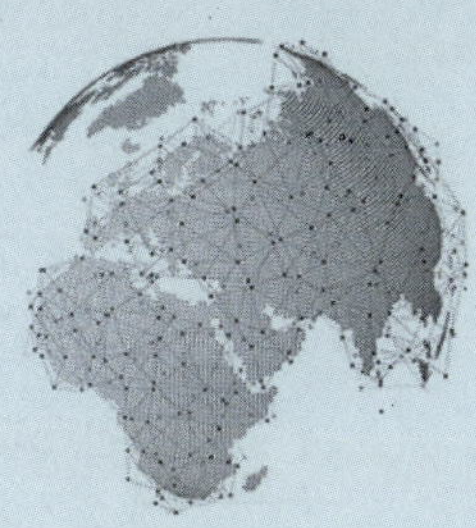

제 1 장
글로벌화의 이해

제1절 글로벌화의 개념

1. 글로벌 비즈니스의 개념

본 교재의 명칭인 '글로벌 비즈니스'(global business)라는 말은 전 세계를 대상으로 일어나는 비즈니스 활동을 말한다. 비즈니스의 대표적인 형태는 국제무역과 국제투자이다. 국제무역(international trade)은 국가 간에 국경을 넘어 제품이나 서비스를 거래하는 것이다. 국제무역에서 제품이나 서비스가 자국에서 외국으로 이동하는 것을 수출(export)이라고 하고, 외국에서 자국으로 이동하는 것을 수입(import)이라고 한다. 국제투자(international investment)는 자본과 경영 활동을 국가 간에 이동시키는 비즈니스를 말한다.

이와 같이 글로벌 시장에서 국제무역이나 투자 활동을 하는 기업을 글로벌 기업(global firm, global enterprise)이라고 한다. 이러한 글로벌 기업의 대표적인 형태로 다국적 기업을 들 수 있는데, 다국적 기업(multinational enterprice : MNE, Multinational Corporation : MNC)

은 해외 여러 국가의 시장에서 생산이나 판매를 담당하는 해외자회사(foreign subsidiary)를 소유하고 경영 활동을 하게 된다.

글로벌 비즈니스의 대상은 제품, 서비스, 지식 등이 될 수 있다. 제품에는 원재료, 중간재, 완제품 등이 있고, 서비스에는 금융, 교육, 의료, 관광, 법률, 회계, 컨설팅, 광고 등이 포함된다. 지식에는 기술, 경영 능력, 브랜드, 지적 재산권 등이 포함된다.

2. 글로벌화의 의의

글로벌화(globalization)는 지구촌 시대에 우리의 생활을 크게 변화시키고 기업의 경영활동을 무한대로 확대시키고 있다. 오늘날의 세계는 새로운 기술이 등장하면서 국제통신이나 해외여행 비용이 낮아지고, 소비자들은 해외문화, 글로벌 유행 패션에 대한 정보 등에 익숙해지면서 하나의 경제권 시대로 접어들고 있다. 경제적 관점에서 보면 세계 경제는 국경의 개념이 사라지고, 국가경제의 영역 자체가 광역화되고 있다. 기업들은 무역 및 투자 장벽이 낮아지게 되면서 기업들은 전 세계에 시장으로 경쟁의 무대가 확장되고 경쟁도 점점 치열해지고 있다. 글로벌화로 인하여 기업들은 전 세계에 걸쳐서 생산여건이 가장 유리한 곳에 진출하여 치열한 경쟁에 대처하고 있는 상황에서 전 세계 고객을 대상으로 비즈니스 활동을 확대하고 있는 실정이다. 또한 외국의 자본과 기술을 유치하기 위해 정부가 다각적인 노력을 벌이고 있다.

글로벌화(globalization)는 그 정의가 학자마다 상이할 수 있으나, 경제, 사회, 문화 등 각 부문에서 국경이라는 장벽이 없어지고 사람과

물자, 기술, 문화 등이 자유롭게 교류하게 되면서 국경을 넘어서 상호 의존성이 높이져 세계가 하나로 연계되고 통합하는 과정이다. 글로벌화는 국제화된 경제활동 위에 기능적 통합요소를 가미함으로써 세계시장이 단일화되어 가는 현상을 의미하며 세계화로 표현하기도 한다. 일반적으로 기업이 개별국가시장에 대해 각기 다른 전략을 취하기 보다는 전 세계 시장을 하나의 시장으로 보고 통합된 전략을 수립하는 것을 의미한다.

▶▶ 표 1-1. 글로벌화와 국제화의 비교

	국 제 화	글로벌화
개념	한 나라와 다른 나라간에 경제활동의 지리적 확장을 의미. 경제영역이 다른 국가로 진출하는 것	국경의 의미가 사라지면서 전 세계가 하나의 경제권으로 부상하는 과정. 세계시장의 단일화 되는 과정
거래	국경의 구분이 있음	국내외 거래간에 구분이 없음
국가간의 경계	국경의 개념이 명확	경제행위에 관한 한 국경의 개념이 퇴색
성립요인	18~19세기 서구의 대외진출	• WTO등 다자간 무역체제 확립 • 동서 냉전의 종식 • 교통, 통신, 정보산업의 획기적 기술혁명과 생산체제의 범세계화
해외진출	해외직접투자(FDI)	현지화(localization)
기업의 의사결정	모기업의 통제와 예속	초국적 지위로서 의사결정의 권한 위임
통상거래	무역, 수출입 경쟁 중심	기업의 세계진출, 글로벌 경쟁
생산형태	노동, 자본, 자원 등과 같은 생산요소에 기초하여 비교우위의 특화상품에 생산	전 세계 가장 경쟁적인 지역에서 생산, 조립, 가공, 마케팅, R&D, 디자인, 물류 등으로 세분화하여 비교우위지역에 특화

자료: 박종신 외 6, 세계화와 국제무역, 동성사, 1997, p. 26.

국제화(internationalization)가 국경을 초월한 경제활동의 지리적 확장을 의미하고 종전의 국가 단위로 시장이 구성되었던 상황에서 한 국가에 있던 기업이나 경제활동이 다른 국가로 진출하는 것을 의미한다. 이에 비하여 글로벌화(globalization)는 국제화된 경제활동 위에 기능적 통합요소를 가미함으로써 세계 시장이 단일화되어 가는 현상이라고 할 수 있다. 국제화는 국가간의 관계에 초점을 맞춘 것으로써 근대 국민국가가 성립되고 이들 상호 간에 관계가 맺어지고 교역이 이루어지면서 자리 잡게 된 것이다.

글로벌화는 시장의 글로벌화(market globalization)와 기업의 글로벌화(company globalization)로 구분할 수 있다. 시장의 글로벌화는 서로 분리되어 있는 국가별 시장이 커다란 하나의 시장으로 통합(integration)되면서 하나의 시장으로 움직이는 시장의 단일화를 의미한다. 지난 과거에 국가별 소비자들은 취향이나 소비행태가 서로 다르거나 이질적이고 국경을 넘는 장벽이 존재하기 때문에 국가별 시장을 서로 분리되어 있다고 보았다. 그러나 지난 30여년 전부터 국가별 소비자들의 취향과 소비 패턴이 전 세계적으로 점점 수렴하는 현상이 발생하고 있다. 예를 들어 코카콜라, 스타벅스, 맥도널드, KFC 등과 같은 글로벌 소비재 제품의 등장이 이를 증명한다. 시장의 글로벌화는 소비자의 국적이나 위치에 관계없이 점진적으로 제품이나 서비스에 대한 소비자의 기호가 동질화되는 경향이 있다. 이렇게 특정 산업 내에서 고객의 취향이나 선호가 동질화되면 해당 산업의 세계 시장은 국가별로 분리된 시장이 아닌 전 세계적으로 하나의 시장이 된다. 소비자의 수요가 글로벌하게 동질화된 가장 대표적인 제품의 예가 애플의 아이패드나 아이폰이다. 뉴욕, 런던, 파리, 도쿄 등 세계 주요 도시에서 소비자들이 모두 같은 형태의 제품을 사용하고 있다. 서비스에서도 마찬가지로 할리우드에서 제작된 영화나 네플릭스에서 상영되는 영화가 고객의 국적에 관계없이 전 세계에서 상영된다.

기업의 글로벌화(company globalization)는 생산, 마케팅, 연구개발, 구매 등 다양한 경영 활동 분야에서 글로벌화로 나타난다. 기업들은 생산자원, 노동력, 기술과 시장의 접근성이 좋고 효율적인 생산이 가능하다면 전 세계 어느 국가에서든지 공장을 설립하고 원하는 제품을 생산하게 되면서 국경에 따른 시장 구분의 의미 자체가 없어졌다는 것을 의미한다. 생산활동의 글로벌화를 보면, 국가별 생산요소의 비용이나 생산성의 차이를 이용하여 기업의 생산활동을 전 세계 지역으로 확대시키는 것을 말한다. 글로벌 기업들은 동남아시아, 중남미 국가들에서 저임금을 활용한 글로벌 생산 거점을 확보하고, 제품을 대량생산을 통하여 세계 시장에 공급하는 전략을 추구하였다. 이러한 생산활동의 글로벌화는 전반적인 비용구조를 효율화 시키고 글로벌 경쟁력을 강화할 수 있다. 예를 들어 삼성전자나 LG전자는 미국, 중국, 베트남 그리고 각 대륙의 주요 거점지역에 공장과 판매법인을 세우고, 현지 시장과 세계 시장에 공급할 가전제품과 스마트폰 등 전자통신 기기 등을 생산하고 있다.

구매활동의 글로벌화도 글로벌 경쟁력을 제고하는데 중요한 역할을 한다. 애플(Apple) 아이폰(i-phone)의 부품 공급자들은 156개 국적별 협력업체가 있는데 국적별로 보면 미국(41), 대만(39), 일본(31), 싱가포르(10), 중국(9), 한국(7) 등으로 17개 국가에 분포되어 있다. 큰 원가 비중을 차지하고 있는 디스플레이는 주로 한국과 일본에서 구매하고 무선부품은 일본과 미국, 프로세서는 한국 등에서 조달하여

중국에서 조립생산한다. 결국 아이폰 단말기는 여러 국가에서 생산된 부품의 조합으로 구성된 것이다.[1]

이와 같이 전 세계 공급자로부터 부품을 구매하는 것은 저렴하고 좋은 품질의 제품을 합리적으로 조달할 수 있고, 해당 국가에서 완제품에 대한 주문을 받아 제품을 전 세계에 공급하기 위한 전략이 될 수 있다.

3. 글로벌 시대의 특징

글로벌화 과정은 다원화되면서 상당한 시간이 흘러감에 따라 서서히 복합적으로 진행되어 가고 있다. 흔히 글로벌화의 과정은 단선적이고 일면적인 과정이 아니라 중층적이고 복합적인 과정이라고 한다. 따라서 장기적인 변화를 고려할 때 글로벌화는 다음과 같은 특성이 있다고 볼 수 있다.[2]

1) 정보화 및 지식기반 산업 심화

글로벌화 시대는 정보통신 기반의 인프라와 지식기반 산업이 부각되고 있다. 고도의 정보통신 네트워크를 통해 시간과 공간을 압축시키면서 전 세계에 국경을 넘어 대화할 수 있게 만들었다. 이를 통한 정보의 양이 과거와 비교할 수 없을 정도로 많아지면서 인간의 삶 자체가 정보화에 의해 변화되고 있다. 정보화 시대로 접어들면서 부(富)의

1) 이광철, 글로벌 경영, 한경사, 2019, pp. 15~16.
2) 장윤종, 세계화와 한국경제, 산업연구원, 1994, pp. 11~19.

기준이 제조업 중심의 제품이 아닌 아이디어, 지식재산권 등의 무형재가 중요시되고 있다.

2) 경제와 기술의 무국경화

글로벌화 시대에 접어들면서 기업들의 초국적화(transnationalization)가 심화되고 기업들은 경쟁력을 갖출 수 있는 세계 어느 곳이든 진출하여 경영 활동을 벌이고 있다. 글로벌 기업들에게 중요한 것은 이제 국적이 아니라 자신에게 가장 유리한 지역 어느 곳이든 국경을 넘고 있다. 국제화 시대에는 경제적 영토주권은 국가에 귀속되어 있었지만 글로벌화 시대에는 이것이 점차 희석되고 있는 경향이 있다. 이러한 경향으로 말미암아 '우리 경제', '우리 기업'에 대한 정체성도 바뀌고 'made in country'보다는 'made in company'의 개념으로 바뀌고 있다.

3) 지구환경 문제의 인식

지구상의 환경문제는 특정 국가만의 문제가 아닌 전 지구적 공동의 노력이 필요하다는 인식을 하게 되었다. 지구 온난화, 오존층의 파괴, 대기와 수질의 악화, 토양의 오염, 열대림의 파괴, 이상 기후 등 지구환경의 위기는 글로벌화 시대에 지구촌의 문제로 인식하게 되었다.

제2절 글로벌화와 세계 통상질서의 패러다임 변화

1. 글로벌화와 국제무역질서 변화

1) 기업경영 활동의 글로벌화

글로벌화 시대의 패러다임 중의 하나는 기업경영 활동의 글로벌화라고 할 수 있다. 글로벌 시대에 기업이 생존하기 위해서는 기업의 경쟁력을 확보하고 경영활동이 전 세계를 대상으로 폭넓게 이루어지고 있는 것이다. 경영활동의 글로벌화는 제품개발, 생산, 부품조달, 영업 및 금융활동 등 전반적인 기업 활동이 자국 내에서 국한되지 않고 국경을 초월하여 전개되고 있다. 글로벌화된 기업은 생산, 판매, 연구개발, 등 모든 기업 활동을 세계적 차원에서 전개하고, 이들을 네트워크로 통합하여 하나로 관리하면서 현지화(globalization + localization = glocalization)기업이다.

기업 활동이 글로벌화 된다는 것은 여러 가지 의미를 내포하고 있다. 첫째, 기업 활동의 지리적 범위가 한 국가로부터 세계 여러 나라로 넓어진다는 것이고, 둘째, 세계에서 여러 가지 사업을 동시에 수행할 수 있을 정도로 사업의 범위가 확대되는 사업 다각화의 의미가 있으며, 셋째, 기업이 세계 어느 곳이든지 가장 효율적인 국가에서 경영활동을 수행할 수 있도록 하는 기능의 범위가 확대된다는 것이며, 넷째,

기업이 새로운 국가, 사업 및 기능 활동에 참여하는 방식이 다양해진다는 것 등이 포함될 수 있다.[3)]

따라서 글로벌화된 기업들은 각 지역의 생산·물류거점을 연계하는 네트워크 형성을 통하여 경영환경변화에 신속히 대응하는 한편 경영전략에 따라 각 거점간의 조달·생산·판매를 효율적으로 연계하여 효율성의 극대화를 도모하고 있다.

2) 광범위한 교역대상

WTO체제 하에서는 무역의 대상이 상품 뿐만 아니라 농산물, 서비스, 지적재산권, 기술무역까지 대폭 확대되었다. 이처럼 교역대상 범위가 확장되면서 기업들은 무역기회와 국제사업 활동 범위가 더욱 증대되는 새로운 환경을 맞게 되었다. 게다가 선진국일수록 상품무역의 비중보다는 서비스나 기술무역, 그리고 해외직접투자의 비중이 점점 확대되고 있는 추세이다.

3) 무국적화 시대

글로벌화 시대에는 생산요소의 자유로운 이동, 관세 및 비관세 장벽의 완화, 글로벌 기업의 활약 등으로 인해 국경을 초월하는 하나의 경제권으로 변모하고 있다. 기업들도 전통적인 수출방식에서 탈피하여 세계도처에서 가장 유리한 장소에서 상품을 생산하여 판매하는 글로벌 형태로 바뀌고 있다.

소비자들은 제품구매 시에 어느 나라의 제품보다는 어느 회사의 제품

---

3) 대한상공회의소, 기업 세계화의 전략과 사례, 1996. 3., p. 3.

인지 브랜드를 중요시하는 형태로 전환되었다. 일본의 혼다(Honda)자동차의 창업주인 혼다 소이치로는 "본사는 어디에 두어도 좋다"고 언급했다. 즉 글로벌화 시대에 세계 시장을 가장 효율적으로 공략할 수 있는 곳이면 어느 곳이든 상관이 없다는 이야기이다. 글로벌화 시대의 경쟁은 국가와 국가 간의 경쟁보다는 기업과 기업 간의 경쟁이 심화되고 있기 때문이다. 가령, 네슬레(Nestle)는 스위스에서의 매출이 고작 2% 정도에 불과한 반면 해외매출 비중은 98% 정도이다. 종업원도 스위스에서 고용하는 인원은 단지 7,000여 명 정도로 전체 고용자의 약 3%에 불과하고 나머지는 97%가 해외현지법인에서 일하고 있다. 이러한 상황에서는 네슬레가 과연 스위스 기업인가는 별다른 의미가 없고 국가의 경계를 초월하는 초국적 기업 또는 무국적기업(transnational corporation)인 것이다.

이와 같이 글로벌화 시대에 기업이 생존하기 위해서는 국가라는 경계를 의식하지 않고 세계 시장을 하나의 대상으로 해서 경제활동을 펼치면서 필요하다면 언제든지 어느 기업과도 협력해야 하는 무국적화의 시대가 도래하고 있는 것이다.

4) 경쟁의 심화

글로벌 기업의 출현은 전 세계의 노동, 자본, 기술 등의 생산요소가 최적 조건으로 결합됨으로써 국가간에 자유롭게 이동함으로써 기업간 무한경쟁이 전개되고 있다. 어느 한 나라에서만 경쟁하는 것이 아니라 세계 시장에서 동시에 경쟁을 하게 되고 국제간의 무역장벽이 낮아지면서 더욱 경쟁이 심화되고 있다. 이러한 가운데 글로벌화를 지향하는 기업은 기술력을 강화하는 한편 세계기업들과 전략적 제휴, 합작투자, M&A를 성사시켜 집단적 기술경쟁을 시도하고 있다.

2. 글로벌화의 촉진요인

글로벌화를 촉진하는 요인은 다양하다. 규모의 경제, 정보통신기술의 발달, 기술진보, 수요의 동질화, 무역장벽 감소 등을 들 수 있다.

1) 규모 및 범위의 경제

글로벌화를 촉진시키는 요인은 무엇보다도 대부분의 산업에서 자본집약적인 생산방식과 규모의 경제(economy of scale)가 점점 더 중요해진다는 사실이다.

전 세계적으로 거의 모든 산업에서 나타나는 가장 두드러진 변화 중의 하나는 생산방식이 점차 노동집약적인 생산방식에서 자본집약적인 생산방식으로 전환되고 있는 가운데 제품 단위당 비용이 감소되는 효과를 얻고 있다. 따라서 거의 모든 산업에서 인간의 노동력이 자동화된 기계, 로봇, 컴퓨터로 조작되는 정밀기계로 대체되고 있다. 가령 자동차산업에서 전체 자동차 생산비용 중에서 노동자임금이 차지하는 비중은 6%정도에 불과하며 이러한 비율을 계속 낮아지고 있다. 이러한 현상은 거의 모든 산업에서 일어나고 있으며 반도체, 전자, 철강, 화학산업, 휴대폰 산업에서 두드러지게 나타나고 있다.

이와 같이 노동비용은 점차 감소하는 반면에 자본비용이 차지하는 비중은 크게 증가함에 따라서 규모의 경제도 커지게 된다. 자본재에 대한 막대한 투자를 회수하기 위해서 전 세계에 대규모의 생산체제를 갖추고 기업의 글로벌화를 주도하게 된다. 특히 자동차, 항공기, 전기, 전자, 철강, 화학, 반도체 산업 등은 자본집약적 산업일수록 전 세계에서 차지하는 비중이 높을 뿐만 아니라 전 세계 소수의 다국적 기업들이 산업을 지배하고 있는 실정이다. 결국 규모의 경제효과를 확보하기 위해서는 세계 시장으로 대량의 수출이 필요하고, 기업의 글로벌화를 촉진하게 되는 것이다.

규모의 경제(economy of scale)

일반적인 경우 기업이 재화 및 서비스 생산량을 늘려감에 따라 추가적으로 소요되는 평균생산비용은 점차 상승하게 된다. 그런데, 일부 재화 및 서비스 생산의 경우에 이와는 달리 생산량을 늘릴수록 단위당 생산의 평균비용이 하락하는 현상을 규모의 경제라고 한다.

기업들이 글로벌화 시키는 배경에는 규모의 경제를 달성하기 위한 목적 외에 사업활동을 여러 제품에 걸쳐 영위함으로써 글로벌 범위의 경제(economy of scope)를 확보하고자 하는 경우에도 많이 발견된다. 가령 세제, 치약 등의 생활용품이나 가정용 소비재의 경우 하나의 국가시장 규모에서도 규모의 경제를 달성할 수 있지만 이러한 산업에서 유니레버(Unilever), P&G 등의 다국적기업들은 글로벌 범위의 경제를 달성하여 경쟁력을 갖추어 시장을 주도해 나가고 있다.

범위의 경제(Economy of scope)

한 기업이 2종 이상의 제품을 함께 생산할 경우, 각 제품을 다른 기업이 각각 생산할 때보다 평균비용이 적게 드는 현상을 말한다.

기업은 생산요소의 기능을 조절하여 효율적으로 생산할 수 있다. 가령 연구개발・판매・생산 등은 공동으로 이용하면서 제품의 종류만 달리할 경우, 비용은 적게 들고 경제적 효과는 극대화할 수 있는 장점이 있다. 또한 기업이 사업의 다각화를 시행하면서 기존 산업과 비슷한 산업에 진출함으로써 시너지 효과를 얻을 수도 있다. 생산원리나 설계가 비슷한 제품을 같은 라인에서 생산하는 것도 비용면에서 이러한 효과를 거둘 수 있다.

2) 정보통신 기술의 발전

글로벌화가 촉진되어 나가도록 하는 중요한 동인(動因) 중의 하나는 정보통신 기술의 혁신적 발전이라고 할 수 있다. 정보통신기술의 발전으로 인해 세계를 하나의 정보권으로 만드는 동시에 하나의 커뮤니티 속에서 묶어두고 사고와 동질화를 촉진시켰다. 또한 전 세계 네트워크를 통하여 생산과 소비시장을 하나로 묶어 경쟁을 강화시키고 기업의 세계진출을 촉진시키고 있다. 정보화의 진전은 세계 도처에서 해외사업이 가지는 제약요인을 해소해 주었으며 해외진출의 새로운 지평을 열였다고 할 수 있다.

3) 기술진보

글로벌화를 촉진시키는 또 하나의 요인은 빠른 기술진보와 함께 이를 가능하게 하는 연구개발(R&D)투자에 있다. 예를 들어 전자, 통신,

컴퓨터, 정밀화학, 의약품 제조산업 등은 총매출에서 연구개발비용이 차지하는 비율이 평균적으로 낮게는 7~8%에서 높게는 15%까지 소요된다. 이처럼 연구개발비용이 많이 투자되는 사업에서는 국내시장의 수요만으로는 높은 연구개발비용을 충당하기 어렵기 때문에 전 세계 시장을 목표로 신제품개발과 판매를 통하여 획득할 수 있다.

4) 수요의 동질화

글로벌화를 촉진시키는 가장 큰 요인 중의 하나는 과거 이질적이었던 각국의 소비자의 기호가 점차 동질화되어 간다는 점이다. 정보의 확산으로 각국 소비자는 세계적으로 공유된 동일정보를 갖게 되면서 소비자의 욕구가 동질화되는 경향을 보이게 되었다. 가령 코카콜라와 펩시콜라가 전 세계적으로 각광을 받는 청량음료가 되었고, 리바이스(Levi's)청바지가 한국에서 유행하고 있으며, 맥도널드 햄버거와 KFC는 젊은 세대를 중심으로 소비자의 요구나 구매형태가 동질화되고 있다는 것이다.

수요의 동질화를 이루게 한 요인은 첫째, 커뮤니케이션 기술의 발전이라고 할 수 있다. 예를 들어 세계 시민들은 M-TV, Internet과 같이 전 세계적으로 동시에 방송하거나 매체를 통하여 동질화된 음악 및 문화를 느끼고 경험할 수 있다. 둘째, 전 세계적인 구매력의 증가이다. 신흥공업국의 소득수준이 향상됨에 따라 선진국에서 생산되는 제품을 소비하려는 경향이 있다. 이와 같이 소비자의 수요가 동질화되는 경향은 산업의 경쟁의 글로벌화를 촉진시키는 요인이 되고 있다.

5) 무역장벽의 감소

세계무역기구(WTO)가 탄생하면서 전 세계적으로 관세 및 비관세 장벽은 점점 낮아지고 있다. 과거보다 국제간의 무역과 자본의 이동이 자유로워지면서 상호 연관성이 높아지면서 글로벌화는 점점 심해지고 있다. 또한 1990년대부터 전 세계적으로 활발하게 추진된 지역 또는 국가들 간에 맺는 자유무역협정(FTA)은 참여한 국가들 사이의 무역장벽을 해소함으로써 무역자유화를 더욱 가속화 시키고 있다.

3. 글로벌화가 비즈니스에 주는 의미

앞에서 '글로벌화'의 개념과 글로벌화가 촉진하는 요인을 살펴보았다. 이러한 환경변화가 기업의 비즈니스에 주는 의미는 3가지로 요약할 수 있다.[4)]

첫째, 어떤 기업이든지 이제 세계 시장에 진출하여 비즈니스 활동을 하지 않는다면 경쟁우위를 지속적으로 유지할 수 없다는 점이다. 글로벌 시장에서 규모의 경제, 입지상의 우위를 달성하는 것이 중요한 경쟁요소가 되고 있다. 단위 국가의 시장이 충분히 크지 않아 최적의 규모를 달성할 수 없다면 글로벌 시장에서 경쟁우위를 확보하기 어렵다. 연구개발비 투자규모가 늘어나는 상황에서 지속적인 투자를 늘리기 위해서는 이를 상쇄시킬만한 매출액을 올릴 수 있는 규모의 시장을 확보해야 한다.

둘째, 세계 시장이 국가별로 분리된 시장이 아니라 하나의 글로벌

4) 이광철, 전게서, p. 37.

시장으로 변화하고 있으며 이에 대응하는 전략이 필요하다는 점이다. 세계 시장이 단일화될 때 기업들은 국가별로 차별화된 제품이 아닌 소수의 표준화된 제품만으로도 여러 국가 시장에 진출할 수 있다. 마케팅 전략에서도 국가별로 차별화된 마케팅 전략이 중요하지만 시장이 단일화되는 상황에서는 표준화된 마케팅 활동을 통하여 경쟁위위를 확보할 가능성이 높아진다.

셋째, 경쟁 패러다임이 국가별 경쟁이 아니라 글로벌 경쟁으로 변하고 있다는 점을 인식하고 이에 대응하는 전략이 중요하다. 세계 시장의 글로벌화가 진행되면 국가별 차별화 전략이 아닌 글로벌 경쟁관점에서 전략을 추구하게 되고, 여러 국가시장에 걸친 통합적인 경쟁전략을 수행하게 된다.

제3절 탈글로벌화

1. 글로화에 대한 명암

글로벌화의 확산은 경제, 국제무역, 문화, 사회 등의 분야에 커다란 영향을 미치고 있다. 글로벌화는 국제간에 상품, 생산요소 등이 자유롭게 이동하게 되므로 자원을 효율적으로 배분시키고 전반적인 소득수준을 증가시켰다. 특히 이 중에서도 글로벌화는 수 백만 명을 빈곤에서 벗어나게 하였고, 거래 비용을 줄이고 기술혁신을 촉진시킨 성과가 있다.

그러나 이러한 혜택이 모든 사회 구성원에게 반드시 골고루 돌아가는 것이 아니다. 글로벌화로 인하여 무한경쟁을 조성하면서 국가, 지역, 계층 간에 소득불균형의 문제가 제기되어 어떤 계층은 이익을 보게 되는 반면 손해를 보는 계층이 공존하여 왔다. 예를 들어 높은 기술력과 자본을 가진 선진국 글로벌 기업은 경쟁에서 유리하지만 경쟁력을 갖추진 못한 국가나 기업은 도태되기 쉽다. 높은 부가가치를 창출하는 첨단산업이나 금융 서비스 산업은 주로 선진국에 위치하게 되어 소득이 높은 반면 값싼 노동력이 필요한 산업은 대부분 개발도상국에서 이루어지면서 상대적 소득이 낮다. 이와 같이 글로벌화는 절대적 소득을 감소하는 계층을 발생시키며 설령 그렇지 않더라도 상대적인 박탈감이 커질 수 있다.

따라서 글로벌화가 진전될수록 이에 반대하는 목소리도 높아지고 있어 일부에서는 '글로벌화의 덫'을 주장하며 소위 탈글로벌화(deglobalization) 운동이 나타나기도 하였다.

이러한 탈글로벌화 운동은 빈곤, 노동, 환경, 문화 등 다양한 분야에서 제시되었고 반대하는 이유도 다양하다. 예를 들어 1999년 시애틀에서 개최된 WTO 각료회의에서는 자유무역에 반대하는 시민단체들의 시위와 2008년 미국의 금융위기를 맞아 월가의 시위 등이 있었다.

이처럼 글로벌화의 이면에는 산업의 공동화, 일자리 파괴, 세금회피, 환경에 대한 피해, 국가 정체성과 문화의 훼손 등 다양한 이유로 비난을 받기도 한다.

2. 탈 글로벌화 현상

지난 20여년 간 선진국에서 산발적으로 발생하였던 탈글로벌화 움직임은 여전히 지속되면서 하나의 흐름이 되고 있다. 9·11 테러의 악몽, 글로벌 금융위기의 길고 어두운 그림자, 끝나지 않은 중동에서의 전쟁은 여전히 서구인들의 무의식을 지배하고 있다. 이에 더해 아시아로 세계 경제의 중심축이 이동하는 것도 서구인들에게 탈 글로벌화 감정을 더욱 굳건히 하는 데 일조했다.

글로벌화는 현재 3대 위협에 직면해 있다. 첫째는 보호무역주의다. 트럼프 전 미국대통령의 자국 우선주의(America first) 정책추진(Trumpism)으로 미국-중국 간 무역 전쟁을 통한 세계 패권 다툼, 중국의 굴기정책을 억제하기 위한 공급망의 탈중국화, 2016년 영국의 브렉시트(Brexit) 가결은 모두 직·간접적으로 글로벌화에 대한 대중주의적 반란을 의미한다. 미국이 북미자유무역협정(NAFTA)에서 탈퇴하고, 환태평양경제동반자협정(TPP)을 폐기하는 일은 자유무역에 대한 직접적 타격이자 탈글로벌화의 주요 원인으로 작용하고 있다.

둘째, EU와 같은 지역 블록의 등장과 이로 인해 피할 수 없이 일어나는 긴장은 글로벌화를 촉진하기보다는 오히려 글로벌화를 저해하는 것으로 보인다. 최근 들어 등장한 영국-EU 사이의 대립은 유럽 대륙에 맞서 독립성을 유지하려는 영국과 요새와 같은 연합체제를 구축하려는 EU 사이의 갈등을 가장 명확하게 보여 준다.

셋째, 가장 큰 위협 가운데 하나는 의심할 바 없이 분쟁·테러다. 테러리즘은 글로벌화의 중심부를 공격하고 있다. 파리나 맨체스터에서 일어난 최근의 공격은 국내적 의제가 점차적으로 지역 공동의 안보 문제로 전이되고 있음을 보여 준다. 맨체스터 경기장 테러는 우연하게도 글로벌화와 관련해 가슴 아픈 면을 담고 있다. 맨체스터는 세계 면화 무역의 절정을 이룬 곳이다.

이와 같이 어떠한 이유이든 간에 자유무역과 글로벌화가 후퇴한다면, 경제 성장에도 악영향을 미칠 것이다. 보호무역주의가 무역 전쟁을 야기할 것이고, 이로 인해 신흥국 시장에선 경제 성장이 지속적으로 악화될 수 있다.

또한 코로나 19의 팬데믹 현상은 글로벌화에 걸림돌이 되고 있다. 코로나 전염병이 전 세계에 확산되면서 글로벌 수요가 위축되자 주요국들은 자국의 고용 및 산업경쟁력을 유지하기 위해 점차 자국 우선의 보호무역주의를 채택하는 경향을 보이고 있다. 주요국의 국내외적 갈등과 복잡한 이해관계, 코로나 팬데믹으로 인하여 당분간 탈글로벌화 흐름은 계속될 것으로 예상되는 상황에서 글로벌 시장이 어떻게 전개될지 주목된다.

포스트 코로나 '탈세계화'… 기업들 비용 더 들어도 위험 대비한다.

'비용 최소화' 글로벌 분업 코로나19 앞 균열
재고 최소화, 저임금 생산 기지 구축 약점 드러내
주요 기업들 재고 축적 나서고, 생산 기지 이전
기업 생산비용 증가하면서 전 세계 물가 상승 가능성

세계적 맥주 업체 하이네켄은 지난해 '도스 에퀴스'(Dos Equis) 브랜드를 전담하는 멕시코 양조장이 코로나19로 폐쇄되자 본사가 있는 네덜란드에서 해당 브랜드 맥주를 생산하는 자구책을 마련했다. 공급망 관리 전략의 구조적 변화였던 터라 눈길을 끌었다. 엘지(LG)전자는 지난해 말 공급망 관리(SCM) 조직을 대폭 강화했다. '실' 단위에서 '담당 조직'으로 격상하고, 지역별 물류 관리팀도 운영한다. 한 국내 대기업 전략담당 고위 임원은 "기업들은 비용이 싼 곳에서 생산해 적시에 상품을 공급하면 된다는 생각이 있었는데, 코로나19를 겪으며 전략을 아예 바꿔야 하는지 고민에 빠졌다"고 말했다.

코로나 이후 경제는 '과거 복귀'가 아닌 '세계화 후퇴'가 될 것이라는 전망이 나온다. 이런 주장에 힘을 싣는 현상 중 하나가 세계 기업들의 공급망 전략 변화다. 코로나19로 공급망 차질에 어려움을 겪고 있는 일부 기업들이 생산 거점을 옮기거나 다변화하는 방식으로 공급망 전략을 바꿔 나갈 수 있다는 것이다. 이런 움직임이 폭넓게 확산이 될 경우 소비자 물가를 끌어올리는 구조적 요인으로 등장할 수 있다는 분석마저 나온다.

글로벌 공급망 압력 지수

■ 코로나 앞 약점 드러낸 공급망

코로나19 확산 이전 공급망 관리의 기본 전제는 '비용 최소화'였다. 수요 변화에 빠르게 적응하도록 재고를 최소화했으며, 임금과 세금이 싼 지역으로 생산 거점을 옮겼다. 지난 30~40여년간 국가 간 무역 장벽이 낮아지는 세계화가 확산하고 효율적 물류 관리가 가능한 정보기술(IT)이 진화했기에 가능한 흐름이었다.

그러나 이런 공급망 관리 전략은 코로나19 상황에선 되레 독으로 작용했다. 코로나19로 공급망 단계마다 차질이 발생한 상황에서 재고도 적게 관리한 터라 수요 변화에 맞춰 제때 생산하고 판매하기 어려웠다. 특히 저임금 활용을 위해 신흥국에 세운 글로벌 기업들의 생산 공장들은 약한 의료 체계 탓에 조금만 코로나19가 퍼져도 가동을 멈췄다. 글로벌 컨설팅 업체인 KPMG의 공급망 업무 책임자 브라이언 히긴스는 2021년 12월 20일 파이낸셜타임스와 한 인터뷰에서 이렇게 진단했다. "현재 망가진 전 세계 공급망은 저비용을 추구하던 20년 전에는 보편적으로 받아들였던 진리에 기반을 두고 있다."

■ '만약'을 대비하는 기업들

상황이 이렇자 주요 기업들 사이에서는 현재의 공급망 차질이 해소되더라도 이미 약점이 드러난 현 체계를 그대로 이어가는 것은 위험하다는 보수적 분위기가 감지된다. 국내 대기업 전략담당 임원은 "이 기회에 코로나19 불확실성분만 아니라 미・중 무역 갈등 및 저탄소 경제 전환까지 미리 대비해야 한다는 인식이 강해지고 있다"고 말했다. 코로나19가 결정적 계기가 됐지만 과거와 같은 공급망 유지 전략으로 돌아가기 어렵게 하는 새로운 환경이나 변수들이 앞으로도 널려 있다는 얘기다.

주요 기업들은 '비용 최소화, 적시 공급'(just in time)에서 '복원력 중시, 만약의 경우 대비'(just in case) 전략으로 구조적인 방향을 아예 바꾸는 모습이다. 먼저 재고 최소화에서 재고 확대로 눈을 돌리고 있다. 글로벌 컨설팅 회사인 맥킨지(McKinwey&Company)는 지난해 11월 '코로나19가 공급망을 재편하는 방법' 보고서에서 "다양한 산업과 지역의 고위 경영진 약 70명을 설문조사(2021년 2분기 시행)한 결과 61%가 지난 1년간 중요 제품의 재고를 늘렸다고 응답했다"고 말했다. 국내에서도 비슷한 움직임이 인다. 이항구 한국자동차연구원 연구위원은 "업계 전반에서 재고를 최대한 확보하려는 움직임이 나타나고 있다"고 말했다. 이름을 밝히길 꺼린 반도체 업계 관계자 또한 "(앞으로도) 수급 문제가 발생할 수 있는(품목의) 재고는 더 확보하려 노력 중"이라고 밝혔다.

하이네켄처럼 생산 거점까지 손을 대는 곳도 여럿이다. 또 다른 예로 지난해 말 글로벌 의류업체 휴고보스는 동남아시아 생산 의존도를 줄이고, 유럽 인근 지역 생산 능력을 확대하는 계획을 내놨다. 앞선 맥킨지 조사에서도 설문 응답 경영진의 15%는 지난 1년간 '니어쇼어링(생산 기지 인접 국가 이전) 및 공급 기반 다변화'를 이미 실행했다고 답한 것으로 나타난다.

■ 달라지는 세계화… 구조적 물가 상승 요인?

이런 기업들의 공급망 관리와 재고 전략 변화가 폭넓게 확산될 경우 거시 경제에까지 영향을 미칠 수 있다는 목소리도 있다. 이러한 전략은 과거보다 단계별 비용 증가를 의미하는 터라, 물가 상승 압력을 높이는 구조적 요인으로 작용할 수 있다는 것이다. 이주열 한국은행 총재도 지난해 12월 기자 간담회에서 "기업들이 효율성보다는 복원력을 더 중시하는 방향으로 경영 전략을 수정하는 조짐이 보인다"며 "이러한 변화는 기업의 생산비용을 높여 구조적 물가 상승 요인을 작용할 가능성이 있다"고 언급한 바 있다.

미 경제지 〈월스트리트저널〉(WSJ)도 지난해 12월 5일 '세계화 후퇴는 물가 상승의 또다른 원인'이란 제목의 기사에서 "공급망 차질과 노동 공급 부족, 재정 자극(지출 확대)은 단기 물가 급등의 원인으로 거론되지만 장기적 관점에서 물가를 끌어올리는 상승 압력은 또 있다. 그것은 바로 탈세계화"라고 보도했다.

(자료 : 한겨레, 2022. 1. 11, sgjun@hani.co.kr, 전슬기 기자, 김영배 선임기자)

제 2 장

글로벌 금융환경의 이해

제 2 장

글로벌 금융환경의 이해

제1절 외환과 외환시장의 이해

1. 외환의 의미

무역거래는 수출상과 수입상 간에 대금결제가 이루어진다. 국제간에 대금 지급 과정에 외환거래가 발생하게 되는데, 한 나라의 통화와 다른 나라의 통화 사이의 교환하는 거래행위가 이루어지는데 외국 화폐의 교환을 외환(foreign exchange)이라고 한다. 교환의 대상은 외국통화나 외국채권 등이 되며, 거래방식은 현금거래가 아닌 환거래가 발생하게 된다는 성격을 가진다.

환(exchange)은 채권과 채무 관계를 현금의 직접적인 수송에 의하지 않고, 은행이라는 금융중개기관인 제3자(주로 은행)를 통한 지급위탁의 방법에 의하여 결제하는 수단이다. 환거래는 한 국가 내에서는 자국통화만으로 거래가 가능하나 국가 간 거래에서는 자국 통화 뿐만 아니라 외국의 통화가 필요하다. 이와 같이 한 국가 내에서 채권과 채무를 결제하기 위해 사용되는 것을 내국환(domestic exchange)이라

하고, 국가 간의 결제에 이용되는 환을 외국환 또는 외환(foreign exchange)이라고 한다.

외환의 기본 성격은 내국환과 같지만 내국환과 다른 몇 가지 특성이 있다.

첫째, 국제거래 시에 2개 이상의 외국통화가 개입되기 때문에 이종통화 간의 교환비율 즉 환율의 문제가 발생하게 된다. 이에 비해 내국환은 기본적으로 동일화폐의 거래이므로 환율문제가 발생하지 않는다. 외환은 환율의 변동에 따르는 환위험이 무역거래의 불확실성을 가중시킬 수 있다. 둘째, 외환은 결제시간이 국내거래보다 길어지면서 금리문제가 발생된다. 셋째, 외화가 부족한 국가들과 거래할 경우 외환통제로 거래 규모나 자금의 이동을 제한할 수 있다. 넷째, 외환은 자금의 이동범위가 2개국 이상에 걸쳐 발생하지만, 내국환은 동일 국내에서 발생한다.

2. 외환시장

1) 외환시장

외환시장(foreign exchange market)은 외환이 매매되는 시장을 말한다. 외환시장은 대부분 은행이나 외환중개업자의 거래실(dealing room)에서 이루어진다. 거래참가자들은 각자의 거래실에서 전화나 컴퓨터 단말기로 사거나 팔려고 하는 외국 돈의 가격을 제시하게 된다. 이때 제시가격이 서로 일치하는 상대와 거래를 하게 되는데 이렇게 거래가 이루어질 때마다 환율은 시시각각 변동하는 것이다.

외환시장은 은행이 개인, 기업 등의 고객과 외환거래를 하는 대 고객시장(소매시장)과 은행 간에 외환거래가 이루어지는 은행 간 외환시장(도매시장)이 있다. 그러나 일반적으로 외환시장이라 하면 은행 간 외환시장을 말한다.

2) 외환시장의 종류

외환시장은 외환매매의 계약과 인도 시점을 기준으로 현물환 시장(spot exchange market)과 선물환 시장(forward exchange market)으로 구분할 수 있다.

(1) 현물환 시장

현물환 시장은 외환의 매매계약과 외환의 인도가 동시에 이루어지는 것을 말한다. 국가나 지역에 따라서는 매매계약과 계약 이행 간에 약간의 시차가 존재할 수 있다. 가령, 뉴욕이나 런던의 선물환 시장은 외환의 매매계약 이후 2영업일 이내에 인도가 이루어지는 시장이다.

(2) 선물환 시장

선물환 시장은 외환의 매매계약과 계약의 이행이 다른 시점에서 이루어지는 것을 말한다. 이것은 장래의 일정한 환율로 외환의 매매를 실행하겠다는 약정이다. 이러한 약정을 환예약(forward exchange contract)이라 하고, 약정된 외환을 선물환이라고 한다. 선물환 거래는 주로 ① 환위험을 회피하기 위해서, ② 환차익을 획득하기 위해서 ③ 금리차익을 획득할 목적 등의 이유로 이루어진다.

3) 외환시장의 거래당사자

환율은 외환의 거래가 이루어지는 외환시장에서 결정된다. 외환시장에는 은행, 기업, 개인, 중앙은행 등이 참가하며 이들은 각각 다양한 목적으로 외환시장에 참가한다. 은행은 주로 고객이 필요로 하는 외국 돈을 사거나 고객으로부터 매입한 외국 돈을 팔기 위하여, 또는 외국 돈의 매매를 통하여 이익을 얻기 위해 외환시장에 참가한다. 기업, 개인 등 고객은 수출입거래, 해외여행 등을 위하여 외환시장에 참여하며 중앙은행은 외환시장의 안정 등 정책적인 목적을 달성하기 위하여 외환시장에 참가한다.

외환시장은 시장참가자가 누구냐에 따라 은행 간에 거래가 이루어지는 은행 간 시장(inter-bank market)과 개인, 기업 등 고객과 은행 사이에 거래가 이루어지는 대고객 시장(retail market)으로 나누어지는데 보통 외환시장이라고 하면 은행 간 시장을 말한다.

여기서는 외환시장에서 참가하는 당사자는 고객인 개인 및 기업, 국가기관인 중앙은행, 외국환은행, 외환중개인 등 참가하므로 간략하게 설명한다.

① 고객 : 외환의 수요자 또는 공급자로 수출입을 행하는 무역회사, 관광객, 해외투자가 등의 개인이나 기업이 이에 해당한다.

② 외국환 은행 : 외국환 은행은 각국의 통화의 자금결제를 중개은행으로 참여하게 된다. 외화가 필요한 개인이나 기업의 요구에 따라 각종 통화를 교환해 주는 단순한 매매중개 행위에서부터 자본이득이나 환차이를 이용하기 위한 적극적인 참자자의 역할을 한다.

③ **외환 중개인** : 외국환 은행과 고객간, 외국환 은행간에 이루어지는 외환거래를 중개하여 주고 중개수수료를 받는 목적으로 외환 중개인(exchange broker)이 참가하게 된다.

④ **중앙은행** : 각국의 중앙 정부 또는 중앙은행은 외국환은행과 수동적인 매매 뿐만 아니라 외환시장의 불안을 막고 환율의 안정을 위해 능동적으로 외환시장에 개입한다.

외환시장 즉 은행간 시장의 거래는 증권거래소와 같은 특정 장소에서 이루어지기보다는 대부분 은행이나 외환중개업자의 거래실(dealing room)에서 이루어진다.

오늘날 외환거래가 가장 많이 이루어지는 곳은 뉴욕, 런던, 동경 등 3대 국제외환 시장이며 이들 국제외환 시장에서 미국 달러화, 일본 엔화, 유로화, 영국 파운드화 등 주요국 돈의 환율이 결정된다.

우리나라 원화와 외국 돈의 환율은 원화가 국제적으로 통용되지 않고 있어 국제외환 시장에서 결정되지 않고 우리나라의 외환시장(은행간 시장)에서 결정된다. 우리나라의 외환시장에는 국내은행, 외국은행 국내지점, 종합금융회사 등의 금융기관과 한국은행 등이 참가하고 있는데 이들 간의 거래는 대부분이 원화와 미국 달러화의 거래로서 주로 외국환 중개회사의 중개[1]를 통하여 이루어지고 있다.

한편 중앙은행(한국은행)은 은행간 거래나 대고객거래 결과 발생하는 외환의 수요와 공급 불균형을 최종적으로 조절하기 위해 외환시장에 참가함으로써 외환거래가 원활하게 이루어지도록 하고 있다.

1) 2002년 10월말 현재 서울외국환중개(주)와 한국자금중개(주)가 있음

제2절 환율제도

1. 환율의 개념

환율(foreign exchange rate)은 한 국가의 통화의 가치를 다른 나라의 통화 단위로 표시한 것을 말하며, 이종통화 간의 교환비율이다. 환율은 이와 같이 두 나라 통화(돈)의 교환비율을 나타내는 동시에 한 나라 통화의 대외가치를 나타낸다. 미국 달러화에 대한 원화 환율이 1달러 = 1,200원이라는 것은 미국 돈 1달러와 우리 돈 1,200원이 맞바꿔진다는 것을 의미한다. 이는 우리나라 돈 1원의 가치가 1/1,200 달러라는 뜻이기도 하다. 따라서 환율이 1,200원/달러에서 1,250원/달러로 상승하였다면 미국 돈의 가치는 그만큼 상승한 것이며 우리나라 돈의 가치는 그만큼 떨어진 것이다. 우리나라 사람이 미국에서 1 달러짜리 볼펜을 사려할 경우 환율이 1,200원/달러일 때는 1,200원만 지급하면 되지만 우리나라 돈의 가치가 떨어져 1,250원/달러가 되면 50원이 더 늘어난 1,250원을 지급하여야 한다.

환율의 상승은 자국통화로 표시한 외국통화의 가격이 상승하는 것으로 국내통화의 가치는 하락하는 것을 의미한다. 예를 들어 1달러가 1,100원이던 환율이 1,200원이 되는 경우를 환율상승이라고 말한다. 이처럼 환율이 상승하는 경우를 대외적인 구매력의 하락, 즉 국내통화가 평가절하(devaluation, depreciation)되었다고 표현하고, 반대로 환율이 인하되어 국내통화의 가치가 상승하는 경우를 국내통화가 평가절상(evaluation, appreciation)되었다고 한다.

환율이 상승하면 수출이 증가하고 수입이 감소하게 되며, 반대로 환율이 하락하면 수출이 감소하고 수입이 증가하게 된다.

▶▶ 표 2-1. 환율의 상승과 하락 비교

환율의 상승	환율의 하락
예) 1,200/$ → 1,250/$ 원화가치의 하락(depreciation) 원화의 약세 원화의 평가절하(devaluation)	1,250/$ → 1,200/$ 원화가치의 상승(appreciation) 원화의 강세 원화의 평가절상(evaluation)

2. 환율의 표시방법

환율은 교환기준을 자국통화로 할 것인가 외국통화로 할 것인가에 따라 자국통화 표시법과 외국통화 표시법으로 구분된다.

1) 자국통화 표시법(직접 표시 방법)

이 방법은 외국통화 1단위에 대한 자기 나라 통화(자국통화)의 교환비율을 표시하는 방법을 말한다. 가령, 미국의 1달러를 원화 1,200원(US$1 = ₩1,200)과 같이 표시하는 방법이다. 달러당 원화의 교환비율이 1,200원보다 커지는 경우를 환율의 상승이라고 한다. 대부분의 국가에서 환율을 표시할 때 자국통화 표시법(직접표시방법,

direct quotation)을 이용하고 있다. 그 이유는 미국의 달러화가 세계의 중심 화폐로 사용되는 기축통화(vehicle currency)이기 때문에 대부분의 나라에서 1달러가 자기 나라 화폐 얼마와 교환될 수 있는냐의 형식으로 표시하고 있다.

2) 외국통화 표시법(간접 표시 방법)

이 방법은 자국 통화 1단위에 대한 외국통화의 교환비율을 나타내는 방법을 말한다. 영국을 비롯한 과거 영연방 국가들은 외국통화에 대한 표시방법으로 이 방법을 채택하고 있다. 예를 들어 영국의 파운드화 환율을 1파운드(GBP)당 미국의 1.25달러, 1원 = 0.00063694달러로 표시하는 방법이다.

▶▶ 표 2-2. 환율의 표시방법

구분	외국 통화 표시법	자국 통화 표시법
미국	1USD = EUR 0.94	1EUR = USD 1.06
영국	1GBP = USD 1.25	1USD = GBP 0.80
한국	1KRW = USD 0.009	1USD = KRW1,141.50
기준	자국 통화 1단위의 외국 통화 표시 방법	외국 통화 1단위의 자국 통화 표시 방법

환율 국가별 환율보기

미국 USD	1	=	대한민국 KRW	1,204.50
	1달러			1204.5원

2022.02.03 (목) 최근고시환율보기

주요국 환율	매매기준율	전일대비	등락율	현찰 살때	현찰 팔때	송금 보낼때	송금 받을때	환율그래프
미국 USD	1,204.50	▼ 6.50	- 0.54%	1,225.57	1,183.43	1,216.00	1,193.00	그래프
일본 JPY 100	1,050.31	▲ 2.19	+ 0.21%	1,068.69	1,031.93	1,060.39	1,040.23	그래프
유럽연합 EUR	1,360.36	▲ 11.79	+ 0.87%	1,387.29	1,333.43	1,373.69	1,347.03	그래프
중국 CNY	189.18	▼ 0.97	- 0.51%	198.63	179.73	191.07	187.29	그래프
호주 AUD	858.33	▲ 9.90	+ 1.17%	875.32	841.34	866.74	849.92	그래프
뉴질랜드 NZD	799.43	▲ 4.89	+ 0.62%	815.25	783.61	807.26	791.60	그래프

[그림 2-1] 고시 환율의 예

자국통화 표시법

우리가 흔히 이야기하는 환율, 즉 '1달러=1,000원'으로 표시하는 방식이 자국통화 표시법입니다. 통화라는 말 때문에 조금 어렵게 들리는데 쫄 필요는 없습니다. 통화는 돈을 좀 있어 보이게 표현한 것일 뿐입니다.

결국 자국통화 표시법을 쉽게 번역하면 자국 돈 표시법이 됩니다. 이런 이름이 붙은 이유는 간단합니다. 이 방식이 외국 돈 하나를 구입할 때, 우리 돈을 얼마나 줘야 하는지 알려주기 때문입니다.

무슨 말인지 잘 이해가 되지 않는다면 마트를 생각해보십시오. 마트에 가면 '과자 1봉지=1,000원'으로 가격표시가 되어 있습니다. 과자 1봉지를 사고 싶으면 우리 돈 1,000원을 줘야 한다는 이야기입니다. '1달러=1,000원'은 '과자 1봉지=1,000원'과 똑같은 것입니다. 과자 1봉지를 사고 싶을 때 1,000원을 줘야 하듯이, 1달러를 사고 싶을 때는 우리 돈 1,000원을 주어야 한다는 뜻입니다.

그런데 신기한 게 하나 있습니다. 달러와 우리 돈의 환율은 '1달러=1,000원', 유로와 우리 돈의 환율은 '1유로=1,500원', 중국의 위안화와 우리 돈의 환율은 '1위안=170원'으로 표시하는데 유독 일본 돈은 '100엔=1,400원'으로 표시를 합니다. 모두다 1달러, 1유로, 1위안인데 유독 일본만 100엔으로 환율을 표시하는 이유는 무엇일까요? 일본과 우리나라의 그 묘하디묘한 인연 때문에 특별대우를 해주는 것일까요? 아니면 특별한 사연이 있는 것일까요? 그 이유는 간단합니다.

다른 나라들처럼 1엔으로 환율을 표시하면 정말 자세가 안 나옵니다. 즉 1엔 단위로 환율을 표시하면 엔화의 환율은 '1엔=14원'이 됩니다. 왠지 좀 민망하고, 쪼잔하지 않습니까? 그래도 감이 오지 않는다면 마트를 생각해보십시오. 과일가게나 마트에 가보면 수박은 1개 단위로 판매를 합니다. '수박 1덩어리=1만 원', 또는 '수박 1덩어리=2만 원'. 뭐 이런 식이죠.

그런데 귤은 1개 단위로 판매를 하지 않습니다. 즉 '귤 1개=100원' 하는 식으로 판매를 하면 뭔가 쪼잔해보이고, 뭔가 없어 보입니다. 그래서 박스, 또는 봉지 단위로 판매를 합니다. '1박스=1만 원', 또는 '1봉지=3,000원'. 이런 식으로 말이죠. 엔화의 경우도 같은 원리로 이해하면 됩니다. '1엔=14원'으로 표시하면 너무나 모양새가 안 나오기 때문입니다.

(자료 : 경제신문 읽는 법, http://ecodemy.cafe24.com/exli1.html에서 발췌)

3. 환율의 종류

1) 매도환율과 매입환율

매도환율(offfered rate)은 외국환은행이 외환을 필요로 하는 고객에게 팔(매도) 때 적용되는 환율이고, 고객 입장에서는 외환을 매입할 때 적용받는 환율이다. 반대로 매입환율(bid rate)은 외국환은행이 외환을 보유한 고객으로부터 외환을 살(매입)할 때 적용하는 환율이이다. 즉 은행이 팔면 매입환율, 팔면 매도환율이 된다.

외환시장에서는 외화를 팔고자 하는 매도환율과 외화를 사고자 하는 매입환율을 동시에 고시하고 있다. 이와 같이 두 개의 환율을 고시하는 방법을 “two way quotation”이라 하며, 일반적으로 매도율이 매입율 보다 더 높게 책정되어 있는데 이때 매도율과 매입률의 차이를 스프레드(spread)라고 한다. 그리고 은행이 적용하는 환율을 보면 매도율이 매입률보다 높은데 그 이유는 은행이 외환을 매매하는 데 드는 비용을 충당하고 수익을 남기기 위해 일정금액을 수수료로 부과하기 때문이다.

2) 은행간 환율과 대고객 환율

은행간 환율(interbank rate)은 외국환은행이 다른 외국환 은행과의 거래 시에 적용되는 환율을 의미하며 대 은행률이라고도 한다. 한편 대 고객환율(customer rate)은 외국환은행이 일반고객과 외환거래를 할 경우에 적용되는 환율이다. 일반적으로 외환거래는 대부분 은행간 거래로 이루어지기 때문에 환율이라고 하면 은행간 환율을 의미하며, 대 고객환율[2)]은 은행간 환율을 기초로 별도로 산출된다.

대 고객환율은 은행이 고객으로부터 어떤 형태의 외환을 사고 파느냐에 따라 다시 여러 가지 환율로 나누어진다. 즉 은행이 현찰을 사고 팔 때에는 현찰매매율, 전신으로 자금을 주고 받을 때에는 전신환매매율, 여행자 수표를 사고 팔 때에는 여행자수표 매매율을 적용하는데 이들 각각의 경우 은행이 외환을 조달하여 운용하는 데 드는 비용

2) 대 고객 환율은 외국환은행이 고객과의 외환거래 시에 적용되는 환율이므로 전신환매매율, 일람출급환어음매입율, 수입어음결제율, 기한부어음매입율, 현찰매매율 등이 있다. 또한 은행이 고객으로부터 외국통화를 구입하는 대 고객매입률과 은행이 고객에게 통화를 파는 대 고객매도율의 두 가지가 있다.

이 다른 만큼 적용하는 환율도 다르다.

예를 들어 현찰매도율은 은행이 외국으로부터 현찰을 운송하여 보관하는 데 비용이 소요되므로 여행자수표 매도율이나 전신환매도율보다 높다. 따라서 해외여행을 하는 사람은 필요한 외국 돈을 현찰로 매입하는 것보다 여행자 수표로 매입하는 것이 유리하다 하겠다.

3) 현물환율과 선물환율

외국환 거래는 매매계약일과 매매가 완료되는 결제일 간에 일정한 시차가 발생한다. 현물환(spot exchange)은 매매계약 후 2영업일 이내에 또는 거래와 동시에 결제가 완료되는 경우를 의미한다. 이 때 적용되는 환율을 현물환율(spot exchange rate)이라고 한다.

이에 비해 선물환(forward, futures exchange)은 결제일이 장래의 특정 일자에 일정 금액의 통화를 미리 약정한 환율에 따라 매매할 것을 약정한 경우를 말하며, 이때 적용되는 환율을 선물환율(forward, futures exchange rate)이라고 한다. 선물환은 거래 일자는 현재이지만 결제 일자가 쌍방이 합의한 미래의 특정일에 결제가 완료된다. 선물환 거래는 수출입거래 등에 따른 환위험을 피하기 위해서 이루어지기도 하지만, 투기목적으로 이용되기도 한다.

4) 재정환율

재정환율(arbitrated rate of exchange)은 자국 통화와 여타 외국 통화가 국내외환시장에서 직접적으로 거래되지 않는 경우 각각의 시장에서 결정되는 가격을 이용해 산출하는 환율을 말한다. 원/달러 환율이

1,225.50원이고, 일본 동경 외환시장에서 엔/달러 환율이 달러당 122.75엔이라면 재정환율인 원/엔 환율은 100엔당 998.37원이 된다.

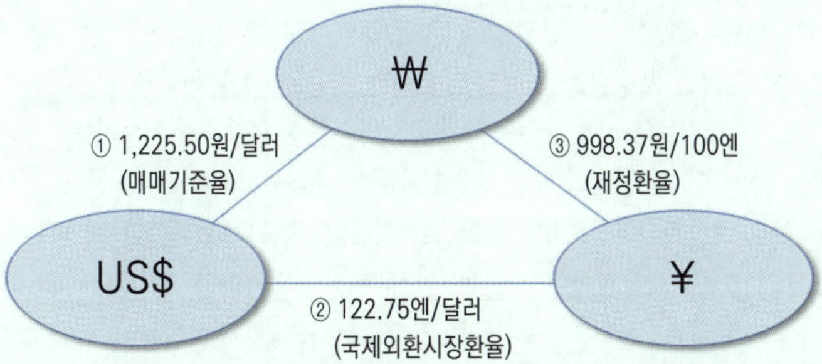

* 2002년 9월 30일 서울외국환중개(주)가 엔화에 대한 원화환율을 산출한 과정을 나타낸 것임

[그림 2-2] 일본 엔화에 대한 원화환율 산출(예시)

시장환율과 재정환율

우리 돈과 엔·유로화의 환율은 어떻게 계산하지? 우리 돈과 미국 달러화 간의 교환비율(대미 달러환율)은 시장에서 달러화에 대한 수요와 공급에 의해 결정된다. 달러에 대한 수요가 많으면 환율이 올라가고(원화가치는 하락), 반대로 달러의 공급이 많으면 환율이 내려간다(원화가치는 상승). 그렇다면 일본 엔화나 유로화, 영국 파운드화도 달러처럼 시장에서의 수요·공급에 따라 환율이 결정될까. 그렇지 않다. 미 달러화가 아닌 외국돈에 대한 우리나라 원화의 환율은 달러화에 대한 원화 환율을 국제금융시장에서 형성되는 이들 외국돈의 달러 환율로 재정(裁定)해 간접적으로 산출한다. 여기서 재정이란 마름질해 정한다는 뜻이다. 이처럼 국내 외환시장에서 직접 거래되지 않는 외국돈의 환율을 결정할 때 원/달러 환율과 국제금융시장에서 형성되는 엔/달러 환율 또는 달러/유로 환율을 이용해 산출한 환율을

재정환율(arbitrated rate)이라고 한다. 반면에 달러화처럼 시장의 수급에 의해 결정되는 환율을 시장환율이라고 부른다. 재정환율은 두 해당 통화가 직접 은행간 시장을 통해 매매되지 못하는 경우에 서로 다른 시장에서의 가격을 이용(마름질)해 산출되는 환율로 다음과 같은 방식으로 정해진다. 예를 들어 우리나라 원화의 대미달러 환율이 1달러=1100원이고 도쿄 외환시장에서 미 달러화와 일본 엔화의 환율이 1달러=80엔이라면 1달러=1100원=80엔이다. 따라서 원화와 엔화의 환율은 1100원=80엔이 된다. 즉 1엔=13.75원, 100엔=1375원인 셈이다. 여기서 원화와 엔화간 재정환율을 계산하기 위해 사용된 미 달러화와 일본 엔화의 환율을 크로스 레이트(cross rate)라고 하며, 이같은 재정환율을 산출하는데 기준으로 삼는 환율(여기선 원화의 대미 달러환율)을 기준환율(basic rate)이라고 한다.

파운드화도 마찬가지다. 원화와 달러화의 환율이 1달러=1100원일 때 런던 외환시장에서 달러와 파운드화의 환율이 1파운드=1.6달러이면 1파운드=1760원(1.6달러×1100원)이 된다. 재정환율을 산출하는 공식은 재정환율=달러화의 매매기준율÷크로스 레이트다. 만약 1파운드=1.6달러처럼 자국통화를 기준으로 환율을 고시하는 통화는 달러화 매매기준율에 크로스 레이트를 곱해서 재정환율을 산출한다. 위의 사례에서 일본 엔화의 재정환율(100엔당 원화 환율) =1100÷80×100 =1375로 100엔 = 1375원이다. 반면에 파운드화의 재정환율 = 1100×1.6= 1760원이다. 파운드처럼 유로, 호주 달러, 뉴질랜드 달러화는 자국통화를 기준으로 환율을 고시하므로 원/달러 환율과 크로스 레이트를 곱해서 재정환율을 산출하게 된다. 기준환율에 사용되는 화폐는 경제적으로 가장 밀접한 관계에 있는 나라의 화폐로 통화가치가 안정돼 있어야 하는데 우리나라는 기축통화인 미 달러화다. 기축통화는 국제금융거래나 무역에서 결제의 수단으로 사용되는 기본통화를 말한다. 뉴욕과 런던은 세계의 금융의 중심지로서 미 달러화와 영국 파운드화 환율은 세계 각국의 환율에 영향을 미치고 있다.

(자료 : 한국경제신문 연구위원, hckang@hankyung.com. 강현철)

4. 외환시세표

시중 은행은 매일 외환 거래의 기준이 되는 외환시세표를 발표하고 있다. 외환시세표를 자세히 보면 외환시세표의 대부분은 자국 통화표시 방식으로 되어 있으며 국가통화별로 다음과 같이 구분되어 있다.

▶▶ 표 2-3. 외환시세표

기준일 : 2022년 2월 6일 고시회차 : 194회차 고시시간 : 20시03분00초 조회시각 : 2022년 02월 06일 12시59분43초

통화		현찰				송금		T/C 사실때	외화 수표 파실 때	매매 기준율	환가 료율	미화 환산율
		사실 때		파실 때		보낼 때	받을 때					
		환율	Spread	환율	Spread							
미국	USD	1,220.49	1.75	1,178.51	1.75	1,211.20	1,187.80	0.00	1,187.17	1,199.50	1.89951	1.0000
일본	JPY(100)	1,061.89	1.75	1,025.37	1.75	1,053.85	1,033.41	0.00	1,032.88	1,043.63	2.05045	0.8701
유로	EUR	1,402.22	1.99	1,347.52	1.99	1,388.61	1,361.13	0.00	1,360.60	1,374.87	1.41400	1.1462
중국	CNY	198.08	5.00	179.22	5.00	190.53	186.77	0.00	0.00	188.65	4.92850	0.1573
홍콩	HKD	157.04	1.97	150.98	1.97	155.55	152.47	0.00	152.39	154.01	2.18433	0.1284
태국	THB	38.19	5.00	34.20	6.00	36.74	36.02	0.00	36.00	36.38	2.52566	0.0303
대만	TWD	48.79	13.10	40.13	7.00	0.00	0.00	0.00	0.00	43.14	2.36700	0.0360
필리핀	PHP	25.77	10.00	21.51	8.20	23.66	23.20	0.00	0.00	23.43	3.52700	0.0195
싱가포르	SGD	909.66	1.99	874.18	1.99	900.83	883.01	0.00	882.47	891.92	2.50166	0.7436
호주	AUD	867.57	1.97	834.05	1.97	859.31	842.31	0.00	841.81	850.81	2.15966	0.7093

① **통화명** : 국가별 통화와 코드를 나타낸다. 미국달러는 USD, 유로화는 EUR이다.

② **현찰** : 현찰로 외화를 사실 때와 파실 때를 받는 금액을 나타내고 있다. 매매기준율의 1.75%에 해당되는 차이가 있다. 즉 1.75%가 환전수수료율이다.

③ **송금** : 고객이 은행에서 원화를 외화로 바꿔 해외로 보내거나, 해외에서 받은 외화를 원화로 바꿀 때 적용하는 환율이다. 기업

이나 금융 기관의 외환 거래에 주로 적용하며, 은행쪽에서 보면 외화 전신환을 팔 때(고객이 송금 할 때) 적용하는 환율이므로 전신환 매도율이라고 한다.

은행은 전신환이든 현찰이든 회환거래를 할 때는 고객에게서 싸게 사고 비싸게 팔아 차익을 남길 수 있다. 시세표에서 '송금-보낼 때' 환율은 미화 1달러당 1212.40원, '송금 - 받을 때' 환율은 1173.90원이다. 송금-받을 때 환율(곧 전신환을 받을 때 환율, 은행 입장에서는 전신환 매입률)이 송금-보낼 때 환율(곧 전신환을 보낼 때 환율, 은행 입장에서는 전신환 매도율) 보다 낮다. 고객이 송금 거래를 할 때마다 은행은 전신환을 싸게 사고 비싸게 팔아 1% 포인트 정도의 차익을 남긴다.

④ **여행자 수표(T/C: Traveler's Check)** : 해외여행자가 여행 중에 현금 대신 사용하거나, 현금으로 교환할 수 있는 수표이다. 여행자들이 현금을 휴대함으로써 발생하는 분실이나 도난의 위험을 방지하기 위하여 고안된 수표로서, 매장에서 현금처럼 사용하거나 은행이나 환전소에서 약간의 수수료를 떼고 현금으로 교환할 수 있다. 본 란은 여행자 수표를 살 때 적용하는 환율이다.

⑤ **외화수표 파실 때** : 외화수표를 팔 때 적용하는 환율이다.

⑥ **매매기준율** : 각 은행이 외환거래시에 적용하는 환율이다. 은행은 당일의 매매기준율에 몇 %의 수수료를 붙여서 외환의 매도와 매수를 한다. 외환시세표에서 미1달러의 매매기준율은 1,199.50원이다. 현금으로 고객이 1달러를 살 때의 환율과 매매기준율의 차이는 20.99원(1,220.49 -1,199.50)이다. 여기서 20.99원은 매매기준율 1,199.50원의 1.75%에 해당된다. 즉

1.75%가 환전수수료율이다. 고객이 1달러를 팔 때의 환율은 1,199.50원에서 20.99원을 뺀 1,178.51원이 된다. 이 매매기준율과 환전수수료율은 은행마다 조금씩 다르며 유동적이다. 따라서 고객들은 어느 은행에서 환전하느냐에 따라 환전 금액이 달라질 수 있다.

⑦ **미달러 환산율** : 기축통화인 미 달러 금액으로 얼마나 환산되는지 나타낸 수치

⑧ **환가료율** : 환가료율은 외국은행에서 발행한 어음이나 수표를 환전할 때 일정금액을 떼고 환전해 주는 비율이다.

5. 환율제도

환율은 어떠한 환율제도를 채택하느냐에 따라 나라마다 그 결정방식이 다르다. 환율제도는 크게 고정환율제도와 변동환율제도로 나눌 수 있는데 오늘날 주요 선진국들은 변동환율제도를 채택하고 있다.

1) 고정환율제도

고정환율제도(fixed exchange rate system)는 정부가 환율을 사전에 일정 수준으로 고정시키는 제도를 말하며 외환시세의 변동을 인정하지 않는 엄격한 고정환율과 기준환율에서 소폭의 변동(대략 상하 1% 범위 내)을 인정하는 고정환율제도로 구분할 수 있다.

고정환율제도는 환율의 안정을 통한 환위험을 줄이고, 무역거래나 해외투자를 촉진시킬 수 있는 장점이 있다. 또한 환율 안정을 바탕으로

국제단기자본의 투기성 이동을 억제시킬 수 있다. 그러나 단점으로는 국제수지의 불균형에 대하여 자동적인 조정능력이 떨어지고, 무역 및 외환의 자유화를 억제시킨다.

2) 변동환율제도

변동환율제도(floating exchange rate system)는 환율이 외환시장에서 외환의 수요와 공급에 의해 자율적으로 결정되도록 하는 제도를 말한다. 이 제도의 장점과 단점은 고정환율제도와 반대로 나타난다. 국제수지의 불균형시 외환의 수요와 공급의 변화를 통해 국제수지가 자동적으로 조정되는 장점이 있으며, 잦는 환율변동으로 국제거래가 위축될 수 있고 또한 환투기가 성행할 수 있다는 단점이 있다.

따라서 오늘날 주요 선진국에서는 상품의 가격이 시장에서 수요와 공급에 의해 결정되듯이 환율도 기본적으로 은행, 기업, 개인 등이 참가하는 외환시장에서 외환의 수요와 공급에 의해 결정된다. 즉 외환시장에서 한 나라 돈에 대한 수요가 공급보다 많으면 그 나라 돈의 가격이 상승하고 공급이 수요보다 많으면 그 가격이 하락한다. 그러나 대부분의 국가에서는 환율이 외환시장의 기능에 의해서 급속히 등락할 경우에 정부가 외환시장에 개입하는 것을 허용하고 있어서 관리변동 환율의 성격을 가지고 있다.

3) 우리나라의 환율제도(자유변동환율제도)

우리나라의 환율제도는 해방 이후 고정환율제도로 출발하여 경제여건변화에 따라 계속 변천하여 왔는데 1990년 3월부터 변동환율제도인 시장평균환율제도를 채택하였다. 외환위기 발생을 계기로 1997년 12월 16일부터 외환시장에서의 수요, 공급에 따라 환율이 자유롭게 결정되는 자유변동환율제도(free floating exchange rate system)로 이행되어 현재까지 이어지고 있다.

시장평균환율제도는 환율이 외환시장에서의 수요와 공급에 의해 결정되지만 1일 변동폭이 일정 범위 내로 제한된다는 점에서 자유변동환율제도와 차이가 있다. 즉, 시장평균환율제도 하에서는 은행 간 시장에서 거래된 원화의 대미 달러환율을 거래량으로 가중평균하여 시장평균환율(기준환율)을 산출하고 다음 영업일의 은행 간 거래환율의 1일 변동 폭을 이 기준환율의 상하 범위 내로 제한하였다.

현재 운용되고 있는 자유변동환율제도는 은행간 거래환율의 1일 변동폭 제한을 폐지한 것으로 환율이 외환시장에서의 수요와 공급에 따라 자유롭게 결정되므로 시장기능이 더욱 활성화되는 장점이 있는 반면 급격한 환율변동시 경제가 충격을 받게 되는 단점도 있다. 즉 현 제도는 가격제한이 없고 환율이 무제한으로 변할 수 있기 때문에 환위험을 증대시켜 대외거래를 위축시키는 부작용이 있을 수 있으나 그만큼 환투기를 억제하는 긍정적인 효과도 있다.

6. 환율변동이 경제에 미치는 영향

환율은 경제적 요인 또는 경제외적 요인 등 여러 가지 요인에 의해 변동하며 다시 국제수지, 물가, 경제성장 등 경제변수에 많은 영향을 미치게 된다.

1) 환율이 상승하면 국제수지 개선

일반적으로 환율이 상승하면 수출이 증가하고 수입이 감소함에 따라 경상수지가 개선된다. 왜냐하면 환율이 상승하면 수출업자는 수출의 대가를 같은 금액의 외국 돈으로 받더라도 원화로는 더 많은 금액을 받게 되므로 수출품을 보다 싼 가격에 팔 수 있게 되어 수출량을 늘릴 수 있기 때문이다. 또한 수입업자는 환율이 상승하면 수입품을 사는 데 더 많은 원화를 지급하여야 하므로 수입을 줄일 것이기 때문이다.

그러나 환율 상승에 따른 경상수지 개선 효과는 수출입 가격변동과 가격변동에 따른 수출입 물량변동에 상당한 기간이 소요되기 때문에 보통 그 효과가 곧바로 나타나지 않고 시간이 지나면서 서서히 나타나게 된다.

예를 들어 보자. 만약 1달러에 1,200원이던 환율이 1,250원으로 상승하였다면 수출업자는 외국에 물품을 팔아 종전과 같이 1개당 1달러를 받더라도 이를 원화로 바꾸면 1,200원이던 수익이 1,250원으로 늘어나므로 수출을 더 늘리려고 할 것이다. 또한 수출품의 가격을 내릴 수 있는 여유가 생겨 가격을 1달러 이하로 내릴 수 있게 되며 가격을 내릴 경우 더 많이 수출할 수 있을 것이다.

이와 반대로 환율이 하락하면 수출업자의 원화 수익이 감소함에 따라 수출품의 가격을 올리게 될 것이며 이렇게 될 경우 수출량이 감소할 가능성이 크다. 또한 수입의 경우에는 환율이 하락하여 원화가치가 높아지면 외국상품을 사는데 그만큼 적은 원화를 지급하여도 되므로 수입이 늘어나게 된다.

▶▶ 표 2-4. 환율변동에 따른 경제에 미치는 영향

구 분	환율하락	환율상승
수출입	수출감소(수입증가)	수출증가(수입감소)
국제수지	악화	개선
국내물가	하락	상승
경제성장률	하락	상승
외채상환부담	감소	증가

2) 환율변동과 물가

개별경제의 주체인 개인도 환율의 변동에 따라 영향을 받게 된다. 환율이 오르면 수출업체의 채산성이 좋아지므로 수출기업과 관련된 업체의 근로자는 환율 상승의 수혜자가 될 수 있다. 반면에 수입업자는 환율이 오른 만큼 고스란히 국내 공급가격에 반영하기 어려워 자신의 이익에서 원가 인상 요인을 상당 부분 흡수할 수밖에 없어 결국 수입상품을 소비하는 소비자와 함께 환율 상승의 피해자가 될 수 있다.

3) 환율변동과 주가지수

국내주식 시장에 투자한 외국인 투자자는 환율이 오르게 되면 주식을 팔아서 받은 원화로 환전할 수 있는 달러가 줄어들게 되는 환차손이 발생하게 된다. 그러므로 환율이 상승할 경우에는 외국인 투자자들은 이러한 환차손을 우려해서 국내 주식시장을 떠날 확률이 높다. 결국 주가지수는 하락하게 된다.

7. 빅맥지수

빅맥 지수(Big Mac Index)는 각 나라의 구매력 평가(PPP)를 비교하는 경제지표 중 하나이다. 빅맥지수란 세계적 패스트 푸드 기업 맥도널드의 햄버거 '빅맥'이 각국에서 판매되는 가격을 먼저 비교한 후 각 나라의 물가 수준과 화폐 가치를 평가하는 경제 지수를 의미한다. 영국의 경제주간지 이코노미스트(The Economist)에서 1986년 9월에 처음으로 개발하여 매년 발행하는 물가 기준이다. 빅맥(Big Mac)은 맥도널드에서 가장 인기 있는 대표 햄버거로 각 나라의 빅맥 판매 가격을 미국 달러로 환산하여 비교함으로써 국가 간의 물가수준과 화폐가치를 비교할 수 있는데서 연유되었다.

장기의 환율결정 이론에 따르면 국제거래에 아무런 제약이 없을 경우 서로 다른 국가들에서 팔리고 있는 동일한 품질의 재화는 하나의 통화로 가격을 표시했을 때 가격에 차이가 없어야 한다. 즉, 환율은 각 통화의 구매력이 같게 되도록 결정되어야 한다는 것이다. 빅맥지수는 각국의 빅맥 햄버거 가격을 미국에서의 가격과 같게 만들어주는 환율을 의미하는데 실제 환율이 이보다 낮으면 해당 국가의 통화는 고평가되어있고 반대로 높으면 저평가되어 있음을 나타낸다.

예를 들어 빅맥 햄버거 가격은 한국에서는 4천500원이다. 미국에서 빅맥 가격은 5.71 달러기 때문에 원화는 달러화보다 34.4% 저평가됐다. 외환시장에서 결정된 원/달러 환율 1,200.95원을 적용할 경우 한국의 빅맥 가격은 3.75달러가 된다.

우리나라와 미국의 빅맥 품질이 같다고 한다면 우리나라 사람들은 미국 사람들에 비해 빅맥 햄버거를 더 싸게 소비하고 있는 셈이다. 이는 달리 말하면 시장환율이 우리나라의 원화를 저평가하고 있다는 것을 의미한다. 빅맥의 구매력을 기준으로 본다면 원/달러 환율은 양국의 가격을 동일하게 만드는 달러당 788원(=4,500원/5.71달러)으로 결정되어야 한다. 구매력으로 보면 1달러에 788.09원이어야 하는데 외환시장에서 1달러에 1,200.95이므로 원화는 미 달러화에 비해 저평가되어 있는 것이다. 저평가된 정도는 백분율로 약 34.37% ((1200.95 - 788.09)/1200.95)*100)로 계산된다.

이처럼 빅맥지수는 현실의 환율이 구매력평가 환율과 얼마나 차이가 나는지 알아보기 위하여 고안되었다.

제 3 장

기업의 해외시장 진출과 해외 비즈니스의 전략

제 3 장

기업의 해외시장 진출과 해외 비즈니스의 전략

제1절 기업의 생존 부등식과 생존전략

기업은 소비자에게 제품이나 서비스를 제공해 주고 반대급부를 받아 이익을 창출하는 조직이다. 이와 같은 교환관계를 통해서 소비자는 기업이 제공하는 제품과 서비스로부터 삶의 편익을 얻고, 기업은 이익을 얻는다. 그러나 모든 기업이 사업 활동을 통해 이익을 얻는 것은 아니다. 기업이 이익을 남기기 위해서는 기본 전제가 기업이 만든 제품이나 서비스를 소비자가 기꺼이 대가를 지불하고 구입할 때 발생된다. 시장의 개방화가 급속히 진전됨에 따라, 시장에는 "더 싸고, 더 좋은 제품"이 넘쳐나고 있다. 따라서 소비자들은 과거보다 훨씬 적은 비용을 지불하고 더 마음에 드는 제품을 골라서 선택할 수 있는 상황이다. 결국, 공급과잉인 상태에서 소비자로부터 외면당하는 제품이나 서비스를 공급하는 기업들은 이윤은 커녕 시장으로부터 도태당할 수밖에 없는 것이 기업의 현실이다.

기업들이 시장에서 도태당하지 않고 이익을 창출할 수 있는 방안을 무엇일까? 그 방법은 생존 부등식에 담겨져 있다.

생존 부등식 = 소비자의 가치 > 가격 > 원가

기업의 이익은 판매가격에서 원가를 차감한 금액이므로 판매가격이 원가보다 높아야 한다. 만약 원가보다 판매가격이 낮은 기업은 이익은 커녕 적자를 보게 되어 사업을 하면 할수록 적자의 폭은 커지게 되어 생존할 수 없게 된다. 따라서 기업이 생존하기 위해서는 기업의 원가보다 판매가격이 반드시 높아야 한다.

그러나 기업이 원가보다 판매가격을 높게 받기 위해서는 그 가격으로 제품을 구매하는 소비자가 존재할 때 만 비로소 가능하다. 소비자는 한정된 예산으로 생활하여야 하기 때문에 가성비를 따지게 된다. 즉, 소비자가 지불하는 가격대비 가장 큰 편익을 주는 제품을 심사숙고 끝에 선택하게 된다. 따라서 시장에서 기업이 살아남기 위해서는 소비자가 지불하는 대가(가격) 대비 더 큰 편익을 소비자에게 전달하여야 한다.

따라서, 구매자 위주(buyer's market)의 시장 하에서, 기업이 생존하고 이익을 창출하기 위한 첫 번째 방안은 경쟁기업과 동일한 제품이나 서비스를 시장에 공급하는 경우엔, 경쟁기업보다 더 싸게 제품이나 서비스를 공급하는 일이다. 특히 인터넷 등의 발달로 인해 인터넷쇼핑이 일반화되고 있는 상황 하에서 소비자들은 실시간으로 가장 싸게 판매하는 곳이 어디인지를 편리하게 파악할 수 있다. 예를 들어 "에누리"라는 가격비교 사이트를 통해서 소비자들은 자신이 구매하고자 하는 제품가격이 어디에서 가장 싸게 팔고 있는지를 실시간으로 검색할 수 있다. 이런 상황 하에서 기업들이 시장에서 도태당하지 않기 위해서는 경쟁기업보다 조금이라도 저렴한 제품이나 서비스를 시장에 공급하여야만 한다.

두 번째 방안은 기업이 경쟁제품에서는 쉽게 찾을 수 없을 정도로 차별화된 제품이나 서비스를 소비자에게 제공하는 일이다. 최근 '오픈 런'이라는 신조어가 생길 정도로 명품 핸드백 시장에서 샤넬 핸드백의 인기가 높다. 가격이 유사한 품질의 국내 핸드백에 비해서 최소 10배 이상 비싼 가격인데도 국내 시장에서 "샤넬 핸드백"을 구입하기 위해서 매일 같이 백화점문이 열리기 전부터 줄을 서는 진풍경이 연출되고 있다. 이와 같이 높은 가격에도 엄청난 수요가 몰리는 이유는 국내 기업들이 모방할 수 없는 차별화 요인 즉 고급화된 브랜드 이미지를 샤넬은 갖고 있기 때문이다.

이와 같이 기업이 치열한 경쟁시장에서 생존하고 이익을 창출하기 위해서는 경쟁기업과 동일한 제품이나 서비스를 공급하는 경우에는 생산원가를 줄여 소비자가 지불하는 가격대를 낮추는 방법을 강구하거나, 아니면 소비자가 비싼 대가를 지불하고서도 충분히 가치를 인정하고도 남을 만큼 차별화된 제품이나 서비스를 공급해야 한다.

한편 기업의 총이익은 제품 총판매량에 제품 단위당 이익을 곱한 금액이므로 기업의 총이익을 높이기 위해서는 단위당 이익을 높이는 것도 중요하지만 총 매출량을 높여나가는 것도 중요하다. 좁은 내수시장에서 매출량을 높이는 것은 한계가 있기 때문에 좁은 내수시장의 한계를 갖고 있는 국내기업은 해외시장개척에 적극적이다. 양말을 생산하는 국내 중소기업의 입장에서 보면 좁은 내수시장과 달리 13억의 인구를 갖고 있는 중국은 1사람당 1벌의 양말을 팔수만 있어도 26억 장의 판매할 수 있는 판매 잠재력을 갖고 있는 어마 어마한 시장으로 비쳐질 수 있다.

결국 기업이 이익을 증대시키기 위해서는 제품을 차별화하거나 혹은 가격경쟁력을 확보할 수 있어야 한다. 또한 기업의 총이익을 증대시키기 위해서는 총판매량을 절대적으로 높일 수 있는 시장 확대가 지속적으로 이루어져야만 한다.

제2절 기업의 해외시장진출 목적

기업이 높은 외국인비용을 지불하면서도 불확실성과 위험부담이 높은 해외시장에 적극적으로 나서는 가장 큰 이유는 해외진출이 이윤창출에 있어서 필수적이기 때문이다. 즉 기업의 해외시장진출은 기업이 이윤을 창출하는데 필요한 차별화, 가격경쟁력, 매출증대를 달성하는데 매우 큰 영향을 미치기 때문이다. 기업의 해외진출 목적을 구체적으로 살펴보면 다음과 같다.

1. 시장 확보 목적

세계 여러 나라와 지역들은 21세기 들어 급속히 거대한 단일시장으로 재편되고 있다. 이와 같이 전 세계가 하나의 단일시장으로 재편된 가장 큰 원인 중 하나는 정보통신 및 운송수단 등 기술의 놀라운 발달과 더불어 WTO체제 출범 등을 들 수 있다. 이와 같은 환경변화로 인해 전 세계는 이미 1일 생활권에 들 정도로 가까워지고 있으며,

인터넷 등 정보통신기술의 발달로 인해 전 세계는 명실상부한 "지구촌"시대에 놓여 있다.

이와 같은 글로벌화된 환경 하에서는, 과거 국가별, 지역별로 뚜렷한 차이를 보이던 개인의 선호와 소비패턴도 급속히 동질화 되어가고 있다. 특히 전 세계 10대 청소년층의 경우에는 그들이 좋아하는 음악, 패션, 영화, 음식 등에 있어서 국가별, 지역별 차이는 더 이상 찾기 어려워, 그 자체가 하나의 거대한 단일시장으로 변모해 있다. 비록 얼굴색과 국적은 서로 다르지만, 10대 속한 전 세계 청소년 소비자층들은 모두 코카콜라, 힙팝, 리바이스 청바지, 나이키 등의 제품을 마시고 또한 즐기고 있는 것이다. 이와 같이 전 세계가 거대한 단일시장으로 변화되고 있는 상황에서 기업들이 과거처럼 내수시장에만 머무를 이유가 없어지게 되었다.

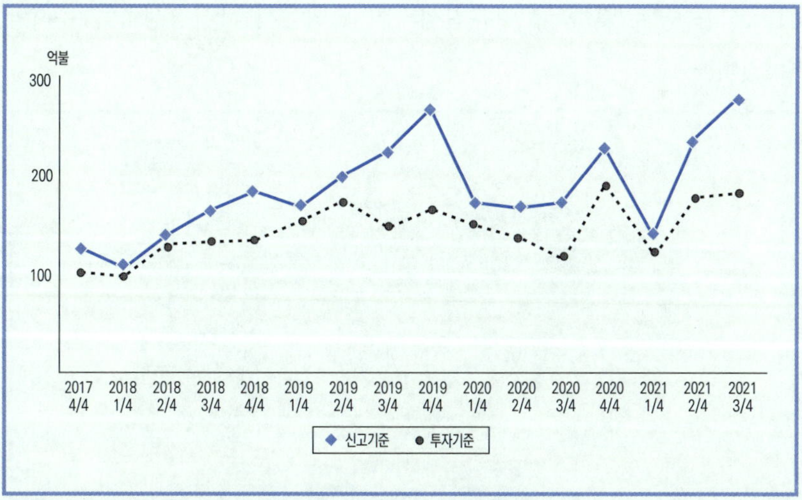

[그림 3-1] 분기별 해외직접투자 금액

자료 : 수출입은행 「해외직접투자통계연도」 등

2. 가격경쟁력 확보목적

기업의 해외시장 진출목적에는 가격경쟁력을 확보할 목적도 크다. 기업은 해외진출을 통해서 국내시장에서는 얻을 수 없는 국가 및 지역 간 입지우위를 활용할 수 있기 때문이다. 또한 "대량생산과 대량판매" 방식을 채택함으로써 규모의 경제 및 범주의 경제효과를 통해 원가를 절감시킬 수 있다. 실제로 캐나다 중소 신사복 생산업체인 "Utex사"의 경우에는 치열한 내수시장에서의 중국과의 가격경쟁을 회피하기 위해서 10만 Km에 걸쳐 기업의 가치사슬 활동을 배치시키고 이를 조정시켜 나가고 있다. Utext사는 디자인은 프랑스나 독일에서 들여오고, 생산은 호주, 인도, 중국, 러시아, 한국 등지에서 생산하며, 판매는 북미시장에서 파는 방식을 채택하고 있다. 이런 방식을 통해서 Utex사는 중국 및 한국 의류업체와의 경쟁에서 가격경쟁력을 유지할 수 있다.

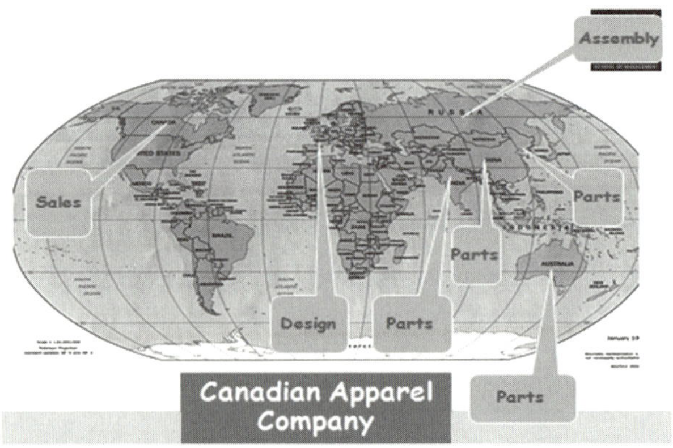

[그림 3-2] Global Webs

1) 국가 및 지역 간 비교우위 차이 활용

2019년 한국산업인력공단 발표 자료에 따르면, 한국 대졸신입사원 월평균 임금이 2,245달러(261만원)인데 비해 싱가포르 2,100달러(244만원), 태국 970달러(112만원), 말레이시아 720달러(83만원), 베트남 380달러(44만원), 인도네시아 310달러(36만원) 수준으로 나타났다.[1)] 이와 같은 임금의 격차는 동일한 강도의 업무를 수행할 때, 그 업무가 어디에서 이루어지느냐에 따라 임금의 차이는 10배 이상 차이가 발생될 수 있음을 알 수 있다.

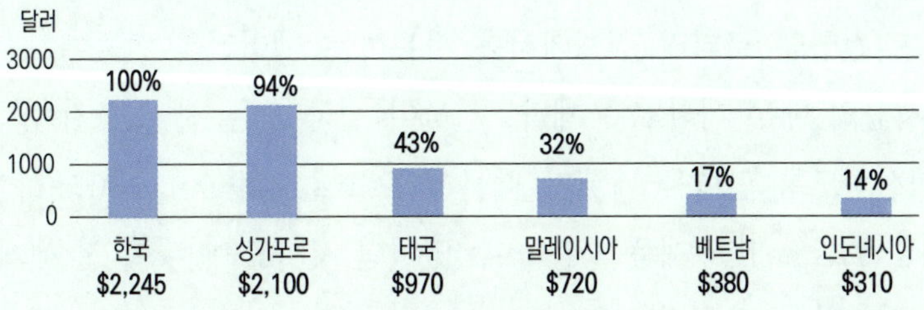

[그림 3-3] 대졸 신입사원 월평균 임금 비교(한국 기준)

이처럼, 기업이 해외진출을 통해 가격경쟁력을 강화시킬 수 있는 이유 중 하나는 국가 간 생산요소의 조달비용 차이를 기업이 활용할 수 있기 때문이다.

한편 국가 간 비교우위는 임금, 토지, 천연자원, 자본, 숙련된 노동력. 기간시설 등과 같은 생산요소 측면에만 발생되는 것은 아니다. 진출 국가의 수요적인 측면, 경쟁관계, 전후방 연관 및 지원 산업의 발달

1) "베트남 초임 한국의 17%수준"(2019.6.21), 뉴시스.

정도 등에 의해서도 국가 간 비교우위가 존재한다. 대부분의 첨단 IT 기술이나 첨단 마케팅 관련 기법들이 미국 실리콘밸리나, 일본에서부터 시작되는 이유는 현지국가에 유능한 과학자나 경영자가 존재한다는 이유도 있지만, 비싼 가격에도 첨단 제품을 기꺼이 구매하여 사용해 보고자 하는 소비자들이 해당국 시장에 존재하는 반면, 고객의 욕구조건이나 기대치에 부응하지 못한 기업의 제품들의 경우에는 집단적으로 불매운동을 펼치는 고객의 힘이 살아 있는 시장 환경이 조성되어 있기 때문이다. 예컨대 작고 비좁은 집에서 사는 일본 소비자들은 후텁지근한 여름과 씨름해야 하지만 높은 전기요금료를 내야 하는 등 끔직한 상황에 처해 있다. 여기에 대응해서 일본 기업들은 작고 조용하며 절전형인 로터리 컴프레서를 사용하는 에어컨을 만들어 냈다. 일본시장의 매우 까다로운 제약조건들이 결국 모든 산업이 지속적으로 혁신하도록 압력을 가했기 때문에 오늘날 경(light), 박(thin), 단(short), 소(small)의 제품을 만들 수 있었던 것이고, 이것이 전 세계적으로 인정받게 된 것이다.

2) 규모 및 범주의 경제

규모의 경제란 투입량을 증가시킬 때 산출량이 투입량증가비율 이상으로 증가하는 것을 말한다. 달리 말하면, 산출량이 증가할수록, 단위당 투입비용이 비례 이상 감소하는 것을 의미한다. 이와 같은 규모의 경제는 생산부문에서 발생하지만, 구매, R&D, 유통, 광고와 같은 활동에서도 뚜렷하게 나타난다. 따라서 좁은 내수시장만을 대상으로 생산하고 유통시키는 기업에 비해서 전 세계를 대상으로 관련 제품이나 서비스를 대량생산하고 유통시키는 기업일수록 생산원가는 낮아지게 된다. 원가가 낮다는 의미는 기업들이 동일한 제품을 경쟁기업보다 더 싸게 시장에 공급할 수 있다는 의미이거나 동일한 가격이라면 더 많은 이득을 확보할 수 있다는 의미이다.

한편 해외 진출기업의 가격경쟁력은 범주의 경제를 통해서도 창출될 수 있다. 범주의 경제란 한 기업이 두 가지 제품을 동시에 생산(R&D 혹은 유통)할 때 소요되는 비용이 별개의 기업이 각각 한 제품씩 개별적으로 생산할 때 소요되는 비용의 합보다 훨씬 작아지는 경제적 효과를 의미한다. 예를 들어 기술개발은 기술을 개발하기까지 많은 비용이 발생되지만, 일단 기술이 개발이 된 이후에는 개발된 기술을 다른 나라에 활용하는데 있어서는 추가적인 비용이 거의 발생되지 않는다. 따라서 해외 진출기업일수록 비용절감 효과는 커지게 된다. 즉, 국내시장에만 국한된 내수기업들은 개발된 기술을 국내시장에 한정할 수밖에 없지만, 해외시장에 진출한 기업들은 국내에서 이미 개발한 설비, 마케팅역량, 지식 등을 해외시장에도 추가적인 비용 없이 활용해 나갈 수 있어 그렇지 못한 기업에 비해서 원가우위를 확보해 나갈 수 있다.

▶▶ 표 3-1. 범주의 경제

	제품 다각화	시장 다각화
시설의 공유	다양한 자동차 모델생산을 위한 유연생산방식의 공장자동화(Ford)	글로벌 브랜드(Nokia)
외부 관계의 공유	공동의 유통망 구축(Samsung)	전 세계 소비자에게 서비스(Citibank)
학습의 공유	컴퓨터와 통신 분야의 기술개발비용 공유(NEC)	해외시장에서 축적된 지식과 경험을 공유(P&G)

3. 차별화 추구 목적

기업이 독특하고 차별화된 제품을 시장에 공급할 수 있다면 치열한 가격경쟁을 회피하고도 높은 이윤을 창출할 수 있다. 특히 소득수준이 높아지면서 소비자들은 더 이상 과거처럼 특색 없는 제품들을 가격이 싸다는 이유만으로 구매하려고 하지 않는다. 대신, BMW나 벤츠 자동차처럼 차별화된 제품인 경우에 비록 유사한 성능의 국산 자동차보다 가격이 10배 이상 비싸다고 해도, 소비자들은 기꺼이 그 제품을 구입하고, 또한 만족하게 된다. 결국 소비자를 만족시키는 것은 절대적인 가격수준 그 자체라기보다는 가격에 비해서 그 제품이나 서비스가 소비자에게 주는 편익이 얼마나 차별화되었는가에 달려 있다. 소비자들은 지불하는 가격대비 얻는 편익을 고려하여 제품의 값어치 즉 가치를 판단한다. 소비자가 지불하는 가격대가 비록 고가격일지라도, 소비자가 느끼는 구입한 제품과 서비스의 편익이 더 크다면, 기꺼이 그 제품과 서비스를 구매하다.

한편 소비자가 느끼는 편익은 개별소비자에 따라서 서로 다른 주관적인 측면이 강하다. 따라서 제품이나 서비스의 차별화를 달성하기 위해서는 그 제품이나 서비스를 구매하는 소비자가 추구하는 가치와 편익이 무엇인지를 먼저 파악하는 것이 필요하다. 예를 들어 LG전자의 71인치 '금장 PDP TV' 판매가는 8만 달러(7,500만원)나 된다. 홈시어터 테두리를 20K 금으로 두른 이 TV는 높은 가격에도 불구하고 2004년 말부터 생산돼 지금까지 1,000여 대가 팔렸다. 대부분의 제품은 사우디아라비아와 카타르, 아랍에미리트 등 중동 지역에서

80~85%를 구매하고 있는데, 황금 선호 경향이 강한 중동 왕족이나 부유층의 욕구에 부합되었기 때문이다. 이처럼 차별화 전략이 성공하기 위해서는 국가별, 지역별로 차이를 보이고 있는 소비자의 욕구와 경제적 수준의 차이를 먼저 고려해야 한다.

이와 같이 차별화를 달성하기 위해서는 기업의 소비자가 누구인지 그리고 그 소비자가 무엇을 원하는지를 파악하는 것이 중요하므로 소비자에 가깝게 다가가는 것이 무엇보다 중요하다. 즉 차별화를 달성하기 위해서는 현지 소비자의 욕구를 파악하고 맞추기 위해서 기업의 가치 활동도 현지화(localization)시켜 나가는 작업이 무엇보다 중요한 과제이다. 즉, 현지고객의 만족을 위해서는 전략, 조직구조, 관리시스템을 모두 현지의 사정에 맞출 필요가 있다. 현지인의 기호에 맞는 상품을 개발하고 마케팅 활동을 현지 사정에 부합하도록 해야 할 필요가 있다. 항상 현지시장의 동향에 관심을 기울이고 현지고객의 요구에 부응하는 새로운 방법을 찾아내도록 노력해야 한다.

슈퍼리치 많은 이슬람국가 가전 매장 가보니

서울 용산전자상가와 비슷한 이집트 카이로의 압둘라 아지즈 지역. 좁은 거리마다 양쪽에 가전매장이 늘어서 있고 전자제품을 실어 나르기 위한 트럭도 줄지어 서 있다.

이곳 가전매장에서는 포장이 벗겨져서 진열된 제품을 찾기가 쉽지 않다. 이슬람 사람들이 전자제품을 구입할 때 박스만 보고 사는 일이 대부분이기 때문이다.

강호섭 LG전자 이집트 법인장은 "집에 가서 포장된 제품을 처음 열어보는 것에 이곳 사람들의 희열을 느끼기 때문이라는 해석이 많다"며 "중소도시로 내려갈수록 이러한 경향은 더욱 강하다"고 설명했다.

예를 들어 TV를 구매하려는 사람은 차곡차곡 쌓인 박스를 보며 자신이 찾는 브랜드와 원하는 사이즈를 선택하면 끝이다. 전원이 들어오는지 확인하기 위해 간혹 박스를 벗기는 일이 고작이다. 색다른 구매 방식 때문에 이곳에서는 컬러로 화려하게 인쇄된 박스를 흔히 볼 수 있다. 강 법인장은 “외국생활을 오래했지만 컬러 박스는 이곳에서 처음 봤다”며 웃을 정도다.

13억 명 인구의 모슬렘시장을 잡기 위해 전 세계 가전업체가 구애공세를 펼치고 있다. 미주와 유럽 등 선진국 시장이 포화된 상태에서 매출액 성장률이 연평균 20%가 넘는 이슬람 지역은 매력적일 수밖에 없다. 이곳 공략을 위해 가전업체들은 이슬람 특성을 고려한 다양한 특화 마케팅을 전개하고 있다.

일본 샤프는 자사 대형 LCD TV를 이슬람 지역에서만 평균 30~40% 높은 가격에 판매한다. 관세 등을 감안해도 지나치게 높은 가격이지만 이 제품은 없어서 못 팔정도이다.

남에게 드러내기 좋아하는 이슬람 사람들 특성상 비슷한 성능을 가진 제품이라면 가장 비싼 제품을 고르는 경향이 있기 때문이다. ‘부유층 집에 가면 반드시 000 TV가 있다’는 것이 이곳에서는 정석처럼 통한다.

이 때문에 대당 700만~800만원에 달하는 삼성전자 LED TV도 이곳에서는 불티나게 팔리고 있다. 황성수 삼성전자 레반트(시리아, 이라크, 요르단, 레바논)법인장은 “전 세계 LCD TV 100대 가운데 3대가 이 지역에서 팔리는 반면, LED TV는 100대 가운데 5대꼴로 팔린다”며 “유럽 북미 동남아에 이어 네 번째로 판매량이 많다”고 설명했다.

신뢰받는 현지 업체와 공동 마케팅을 펼치는 것도 중요하다. 이슬람 사람들은 물건을 구매할 때 ‘신뢰’를 중요한 덕목으로 생각하기 때문이다.

이집트에서는 도시바가 가전시장에서 30%에 달하는 시장점유율로 1위를 달리고 있다. 도시바의 성공은 제품 질이나 서비스보다는 현지 가전업체인 ‘엘 아라비(EL ARABY)’와 좋은 파트너 관계 때문이라는 분석이다.

1964년 가전판매상으로 시작해 가전업체로 성장한 엘 아라비아는 이집트에서 존경받고 신뢰받는 기업 가운데 하나다. 엘 아라비아와 함께 도시바가 광고를 하면서 이집트 사람들은 도시바와 엘 아라비를 동일시한다. 강호섭 법인장은 “이집트 소도시에 사는 사람들은 도시바밖에 모를 정도로 신뢰를 쌓았다”고 소개했다.

이슬람 사람들에게 특화된 제품을 개발하는 것도 중요하다. 이집트 사람들은 과거 전 세계를 호령하던 이슬람의 영광을 잊지 못하고 있다. 이 때문에 자신들에게 특화된 제품을 만드는 회사는 자신들을 존중하는 곳이라는 인식을 하고 있다. LG전자가 지난해 내놓은 PDP TV인 '코란TV'가 이러한 평가를 받고 있다. 이 TV는 코란 경전을 내장했고 읽어주는 기능도 있다.

(자료 : 매일경제, 2009. 7. 28. 기사 인용)

제3절 해외 진출기업의 국제화 전략과 유형

해외시장 진출은 내수시장에서는 경험하지 못한 불확실성과 위험요인이 다수 존재한다. 특히 해외 진출기업은 현지국 입장에서는 외국기업으로서 내국기업과 다른 차별적인 대우를 쉽게 예상할 수 있다. 뿐만 아니라 문화와 인프라의 차이 그리고 환율 변동위험 등의 경제적 환경의 차이로 인해 많은 어려움을 겪게 되는데, 이와 같이 해외 진출기업이 현지에서 직면하는 어려움을 총칭해서 "외국인 비용"(cost of foreignness)이라고 지칭하고 있다. 따라서 기업들이 해외 진출 초기에 엄청난 외국인 비용을 지불하고서도 현지의 치열한 경쟁 속에서 성공하기 위해서는 해외 진출기업들은 현지기업이 보유하고 있지 못한 경쟁우위를 확보하고 있어야 한다.

한편 해외진출 기업의 경쟁력으로 대표적인 경쟁우위로는 원가우위 전략과 차별화 전략을 들 수 있다. [그림 3-3]은 해외 진출 기업의 경쟁력인 원가우위 전략과 차별화 전략의 정도를 기준으로 구분한 해외 진출 기업의 국제화 전략 유형이다.

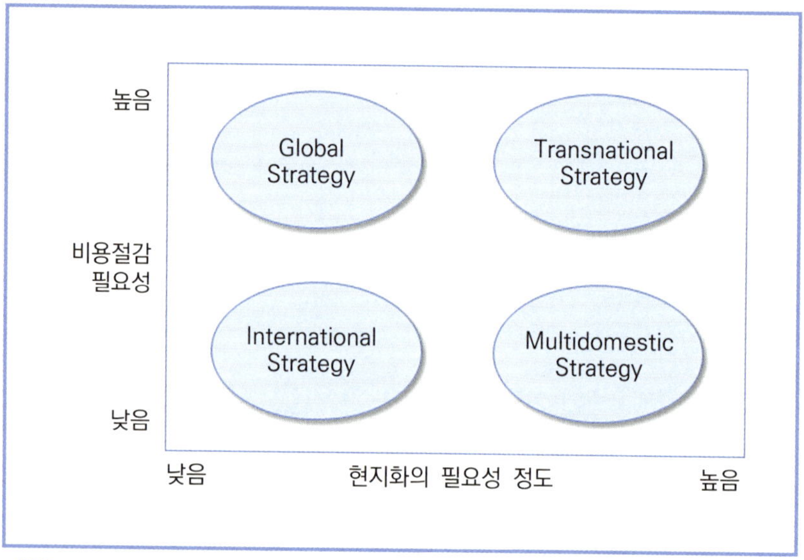

[그림 3-3] 국제경쟁전략의 유형

1) 국제 전략(International strategy)

국제 전략(International strategy)은 수출전략으로도 불리우는데 기업의 가치사슬 활동 대부분을 국내에서 수행하고 생산된 제품을 해외에 수출하는 전략을 의미한다. 이와 같은 국제전략을 추구하는 대부분 기업들의 공통점은 국내에서 가치사슬 활동을 수행해도 충분히 가격 경쟁력이나 차별화가 달성화 될 수 있는 제품을 공급하는 기업들이 추구하는 전략이다. 예를 들어 대부분의 패션의류 및 시계를 제조하는 유럽의 명품회사들은 여전히 자국에서 생산방식을 고집하고 있으며 해외시장의 제품은 수출방식을 통해 공급하고 있다. 또한 전 세계적으로 인건비가 저렴한 국가인 중국은 중국이 아닌 인도나 베트남 등지에 해외공장을 옮겨 생산하지 않고 있다. 이처럼 국제전략은 대부분의 가치사슬의 활동은 자국에서 이루어지고 해외시장에서는 수출방식을 통해서 진출하는 전략을 채택하고 있다.

2) 글로벌 전략(Global strategy)

글로벌 전략(Global strategy)은 국가 간 비교우위와 규모경제 효과 등을 적극적으로 활용하여 원가우위 즉 비용절감을 통한 가격경쟁력을 추구하는 전략이다. 먼저 글로벌 전략을 추구하는 기업은 소품종 대량생산방식을 가격경쟁력을 높여나간다. 즉, 소비자의 기호의 동질화에 맞추어 범세계적으로 표준화된 상품(global product)을 개발하고 이를 전 세계에서 가장 싸게 생산할 수 있는 곳에서 대량생산하여 가장 많이 팔 수 있는 시장에 제품을 판매하는 방식이다. 나이키가 대표적인 예라고 할 수 있다. 이와 같은 글로벌 전략의 가장 큰 장점은 원가우위면에서 경쟁력이 탁월하다는 점이다. 즉 기업의 가치사슬 활동을 전 세계적으로 최적의 입지에 대규모로 분산 배치함으로써 국가 간 비교우위를 활용하는 것은 물론 규모 및 범주의 경제효과를 최적화시키고 있다.

한편 이와 같은 글로벌 전략이 성공적으로 수행되기 위해서는 무엇보다 기업의 가치사슬 활동이 국가 간의 경계를 뛰어넘어 유기적으로 통합되고 조정될 수 있는 경영관리능력이 필요하다. 대부분의 글로벌 전략을 추구하는 기업들은 이와 같은 기업의 가치 활동을 본사에 집중시켜 기업의 가치사슬 활동을 유기적으로 통합하고 조정시켜 나가고 있다.

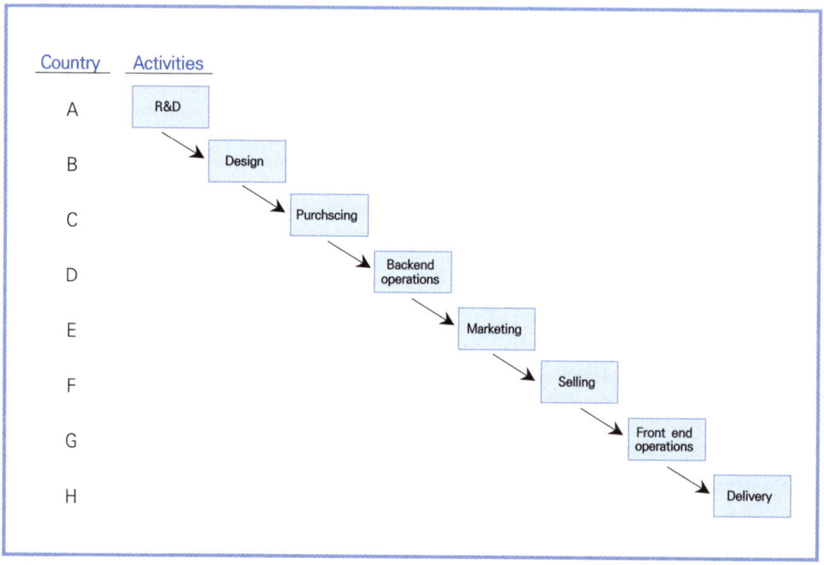

[그림 3-4] 집중화된 가치사슬

3) 다국적 전략(Multi-domestic strategy)

다국적 전략(Multi-domestic strategy)은 차별화를 통해 가치를 실현하는 기업이 선택하는 국제화 전략이다. 현지 소비자에게 차별화된 제품과 서비스를 제공하기 위해서 현지 소비자의 욕구에 맞춘 제품과 서비스를 제공하는 전략이다. 이를 위해서는 가장 먼저 현지 소비자를 파악하고, 현지 소비자의 욕구에 가장 부합하는 가치창출 활동을 통해 이익을 추구하는 경쟁전략이다. 따라서 이 전략을 추구하는 기업들의 의사결정은 대부분 자회사에게 분권화되어 있으며, 가치사슬 활동도 대부분 현지시장에 국한되어 배치되어 있다. 제품과 서비스역시 현지 소비자의 욕구에 맞추어 현지화된 제품들이라는 특징을 지닌다.

이와 같은 다국적 전략은 현지 소비자에게 적합한 상품을 소량생산해서 소량 판매하는 방식으로서 원가적인 측면에서는 비효율적인 경쟁전략이라고 할 수 있다. 그러나 글로벌 전략은 표준화된 제품만을 시장에 공급하기 때문에 현지의 독특한 수요나 요구조건에 부응하기 어렵다는 한계를 지닌다. 반면 다국적 전략은 비록 생산원가가 높고 따라서 가격이 높다는 단점은 있지만, 현지 소비자의 욕구에 적합한 제품이나 서비스를 제공함으로써, 소비자들에게 높은 가격을 지불하고서도 아까워하지 않을 만큼의 차별화된 가치를 창출할 수 있는 장점을 보유하고 있다. 이처럼 현지화 전략은 현지화를 통한 가치창출이 핵심 경영목표라고 할 수 있다.

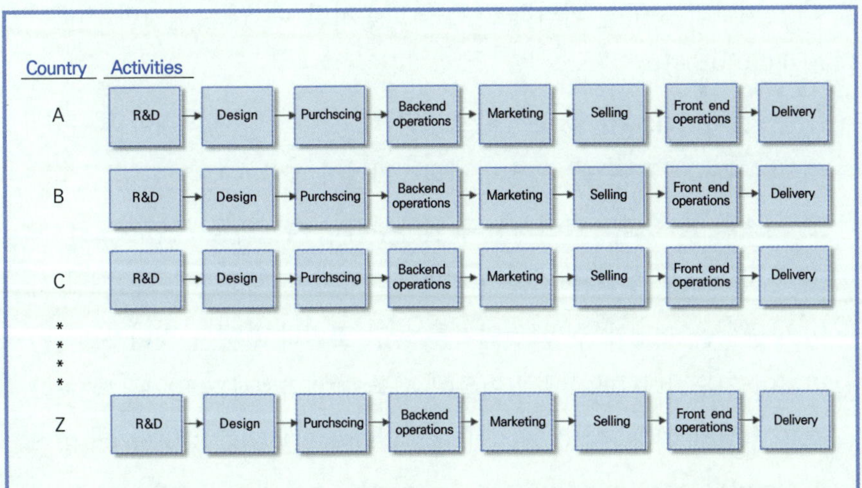

[그림 3-5] 분산화된 가치사슬

4) 초국가적 전략(Transnational strategy)

치열한 국제경쟁에서 생존하는데 필요한 원가우위 전략과 차별화 전략은 기업입장에서는 서로 상반된 압력이다. 먼저, 기업들은 원가우위를 확보하기 위해서는 세계에서 가장 낮은 비용으로 생산할 수 있는 입지에 위치하여야 하고, 규모의 경제를 활용하기 위해서는 전 세계적으로 동질적인 수요가 창출될 수 있는 제품을 대량생산하여 대량 판매해야 한다.

그러나 시장은 빠르게 변화되고 있으며, 여전히 다양한 문화와 경제, 정치적 환경 속에 놓여 있다. 따라서 표준화된 제품인 경우 국내 혹은 특정 국가에서 성공한 제품이라고 해서 반드시 진출국에서 성공할 것이라는 보장은 어디에서도 찾을 수 없다. 해외진출기업이 현지 시장에서 성공하기 위해서는 표준화된 방식보다는 무엇보다 먼저 현지 소비자의 욕구를 파악하고 이를 만족시킬 수 있는 현지화 전략이 전제되어야 한다.

한편 Prahalad와 Doz는 글로벌화 해야 하고 현지화해야 하는 당위성이 동시에 요구되는 것이 다국적기업이 갖는 근본적인 갈등이라고 지적한 바 있다. 현실에서도 원가우위와 차별화중 극단적으로 어느 한 쪽을 선택할 것인지를 고려하는 경우도 존재하지만, 두 개념 사이의 균형을 어떻게 취할 것인가를 놓고 고민하고 있는 것이 보다 일반적인 경우이다. 과거에 기업들이 생존하기 위해서는 원가우위 전략 혹은 차별화 전략 중 한 가지의 경쟁우위만 확보해도 생존할 수 있었다. 그러나 이와 같은 생존전략만으로는 불충분하며, 최근의 해외진출 기업들은 원가우위와 차별화를 동시에 추구하고 있다. 이와 같이 원가우위와 차별화를 동시에 추구하는 전략을 초국가적 전략(Transnational strategy)이라고 한다.

예를 들어 기업의 가치사슬 활동 중에서도 연구개발이나 생산 등의 상류(upstream) 기능은 글로벌화 전략을 추진하고, 마케팅과 같은 하류(downstream) 기능은 현지화에 무게를 두는 것이다. 고객으로부터 먼 거리에 있는 영역은 비용 측면을 고려하여 집중하는 것이 좋고, 시장마다 취향이 다른 고객의 욕구를 충족하기 위해서는 가까운 거리에 있는 마케팅은 현지화하는 것이 바람직하기 때문이다.

또한 생산 활동처럼 특정 가치창출 활동 영역에 있어서도 글로벌화와 현지화를 절충시켜 나갈 수 있다. 자동차의 경우에 밖으로 드러나지 않는 기본구조(platform)는 규모의 경제를 얻기 위해서 동일하게 생산하고, 문화적 요소가 강한 외부의 디자인은 현지화하는 것이다. 자동차 기본구조인 섀시, 엔진, 트랜스미션은 개발 및 제조비용이 원가측면에서 핵심을 이루므로 통일의 혜택은 엄청나다고 할 수 있다. 실제로 대다수의 자동차 회사가 적어도 부분적으로 이런 방법에 의존하고 있다. 독일의 폭스바겐(Volks Wagen)은 기본구조 공유방식을 통한 비용절감으로 뛰어난 경영성과를 올린 바 있다. 미쓰비시(Mitsubishi) 자동차도 15개인 기본구조를 10개로 줄인바 있다. 기본구조를 통일하는 것은 서비스 산업에서도 찾아볼 수 있다. 서비스를 제공하는 기본절차는 동일하게 하되 서비스의 내용을 현지에 맞추어 조정하는 것이다. 예컨대 맥도날드나 스타벅스(Starbucks)와 같은 세계적 프랜차이즈 기업은 상점의 외양이나 내부구조 및 서비스 절차는 어느 나라에서나 같지만 제공하는 음식은 현지의 기호에 따라 조금씩 다르다.

그러나 표준화와 현지화를 동시에 추진하는 초국가적 전략을 실제로 실행하는데 있어서 많은 어려움이 발생되는 것이 사실이다. 초국가적 전략을 성공적으로 수행하기 위해서는 무엇보다 각 조직이 현지에서의 최적치를 찾아 활동하되 본사 및 다른 조직단위와 수시로 정보교환을 하면서 업무를 조정할 수 있어야 한다. 범세계적 및 국지적 관점에서 종합적으로 분석하여 전략을 수립하고 실행과정에서 상황의 변화에 맞추어 신축적으로 수정 및 조정이 효과적으로 수행될 수 있어야 한다. 그래서 '글로벌 사고, 현지화된 행동'(think globally and locally, act appropriately)이라는 새로운 패러다임이 필요하다는 주장도 등장하고 있다.

따라서 조직단위의 독립성과 연계성을 동시에 유지하는 초국가적 전략을 성공적으로 수행하기 위해서는 본사와 자회사 간의 관계는 네트워크 형식이 될 수밖에 없다. 다르게 표현하면 글로벌 기업은 현지화된 조직단위로 구성된 네트워크인 것이다. 개별단위가 자율성을 가지면서도 단위 간의 정보와 지식의 교환이 활발하게 일어나는 것이다. 따라서 상호 학습이 끊임없이 이루어지고 기업혁신이 촉진될 수 있다. 문제는 그런 조직이 혼란에 빠지지 않으면서 경영목표를 달성하게 하는 일인데, 구성원들이 동일한 가치관을 가질 수 있도록 하는 리더십이 가장 핵심적인 요구사항이라고 할 수 있다.

조직구성원 모두가 범세계적 및 국지적 최적을 달성하겠다는 뚜렷한 목표를 가지고, 정보 및 지식을 공유하며, 서로 협조한다는 기본자세를 갖추는 일이다. 말하자면 초국적기업의 승패는 기업문화에 달려 있다. 실제로 세계적인 경영자문회사인 맥킨지(Mckinsey), ABB(Asea Brown Boveri) 등은 전형적인 네트워크 조직으로서 새로운 아이디어의 도출 및 기업혁신에 능한 것으로 알려져 있다.

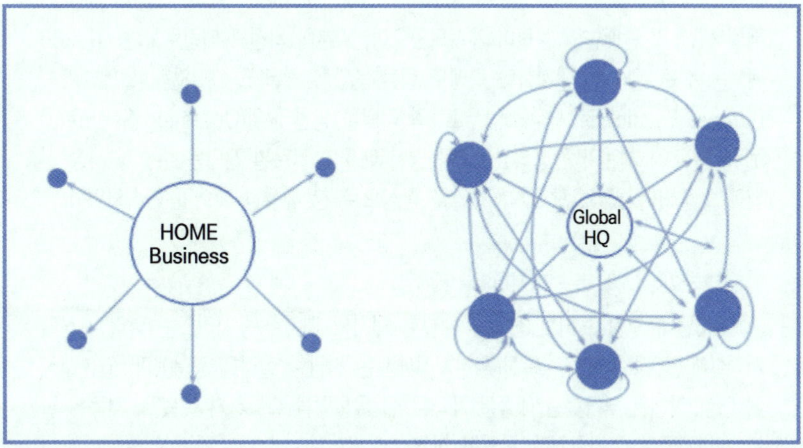

[그림 3-6] MNCs와 네트워크

사례 : 애플의 글로벌화 단계

애플은 한때 해외시장 진출과 제품 현지화를 성장의 최우선 과제로 추진한 적이 있지만, 그 후 제품라인을 단순화하고 해외 생산시설을 매각하면서 글로벌 통합으로 되돌아가게 된다. 재미있는 것은 CEO의 성향에 따라 애플의 글로벌 전략이 달라진다는 점이다. 1976년 창업에서 현재에 이르기까지 애플의 사업과 글로벌 전략을 지휘한 CEO들은 총 4명으로 스티브 잡스, 존 스컬리, 마이클 스핀들러, 길버트 아멜리오 그리고 다시 스티브 잡스로 그 계보가 이어진다. 스컬리와 스핀들러는 각 지역 시장에 특화한 시장적응 전략에 힘을 쏟았다면 엔지니어 출신인 잡스와 아멜리오가 제품을 중심으로 한 글로벌 통합 전략에 힘을 쏟았다.

❑ 제1기: 국제화기(1979~1988년)

1979년부터 1988년까지, 애플이 해외수출을 시작하여 미국, 유럽, 아시아를 축으로 한 해외조직 관리체계를 구축하는 시기를 제1기 국제화기로 구분할 수 있다.

유럽시장에서의 제품 출시를 위한 아일랜드 공장 준공(1980년), 파리와 영국법인 설립(1981년), 아시아시장을 위한 싱가포르 공장 준공(1981년) 등을 비롯한 해외 생산 및 판매법인 설립이 계속되었으며, 일본어 버전의 매킨토시 출시(1986년) 등 소프트웨어의 현지화 노력에도 힘을 쏟았다. 그리고 1988년 4월에 USA, Europe, Pacific으로 시장을 나누고, 각 지역을 영업 단위(Operating Segment)로 하는 조직 체계가 완성되었다. 이 당시 애플의 글로벌 전략은 수출과 시장 진입에 집중되어 있었으므로 각 법인을 중심으로 한 유통망 확대가 계속되었다.

❑ 제2기: 시장 적응기(1988~1996년)

1980년대 후반 스티브 잡스가 개발한 리사와 매킨토시 시리즈는 여러 시장에서 '실패'판정을 받았다. 특히 일본시장에서는 참담한 실패를 경험했다. 일본시장에 대한 이해가 부족했던 애플은 제대로 된 유통망을 확보하지 못했고, 제품은 일본 소비자들이 구매하기에 턱없이 비쌌다.

1985년부터 애플의 CEO를 맡게 된 스컬리와 스핀들러는 마케팅 출신다운 감각을 발휘하여 각 법인의 시장조사 기능을 강화하고, 지역 소비자들의 니즈에 따라 세분화된 제품을 출시하면서 애플의 새로운 도약기를 이끌어 낸다. 비결은 퍼포마 등 현지고객의 눈높이 맞춘 제품의 출시, 현지화에 대한 전폭적인 기술 지원에 있었다. 이 시기에 애플의 해외법인이 갖는 자율성과 역할 범위는 최고조에 이른다. CEO인 마이클 스핀들러는 제품개발 조직을 지역별로 나누고 가격을 제외한 마케팅 및 상품기획까지도 법인 자율에 맡기려 했다.

그러나 이 시기의 애플의 실적을 눈여겨볼 필요가 있는데, 매출이 큰 폭으로 상승하고 있음에도 불구하고 이익은 계속 답보상태에 머무르고 있었던 것이다. 시장 다변화를 동력으로 한 성장 이면에는 이익률 감소라는 문제가 도사리고 있었다.

❑ 제3기: 조정기(1996~1998년)

애플의 고비용 구조가 문제시되기 시작한 것은 1995년 후반이었다. 당시 CEO인 스핀들러는 애플에서 가장 잘 팔리는 제품으로 알려졌던 퍼포마의 유통재고가 10억 달러가 넘는다는 것을 고백하기에 이른다.

소비자 니즈에 따라 제품을 다변화하는 것은 시장 친화적인 전략이지만 이를 제대로 운영하기 위해서는 철저하고 체계적인 관리능력이 필수적이다. 시장예측이 잘못 되었거나, 생산이 지연되거나, 혹은 지역별 제품 현지화 작업이 제 시간에 이루어지지 못하면 제품재고와 부품 재고가 눈덩이처럼 불어난다.

1996년 스핀들러에 이어 애플 4대 CEO로 취임한 길버트 아멜리오는 대대적인 구조조정 작업에 나선다. 퍼포마, 센트리스, 쿼드라 등의 제품은 정리되었고, 영국, 싱가포르 등지의 해외 생산시설은 매각되었다. 아멜리오는 애플의 구조조정 작업을 추진하는 한편 스티브 잡스의 애플 복귀를 지원하고 1977년 사임한다.

❑ 제4기: 통합기(1998~2006년)

애플로 돌아온 후 스티브 잡스의 가장 큰 업적은 전 세계 소비자의 마음을 흔드는 혁신적인 신제품을 개발했다는 점이다. 잡스는 매킨토시의 가장 큰 문제점으로 지적되었던 운영체제의 한계를 마이크로소프트의 지원을 얻어 개선했다. 그리고 뒤이어 혁신적인 디자인과 편리한 인터넷 사용을 강점으로 한 아이맥(iMac)을 출시한다. 아이팟(iPod)과 후속 시리즈인 아이팟 미니, 아이팟, 셔플, 아이팟 나노까지, 세계적인 히트상품이 연달아 쏟아졌다.

스티브 잡스는 시장조사를 하지 않는 것으로 유명하다. 아이맥도, 아이팟도 시장조사를 통해 얻어진 제품이 아니다. 그저 '거울을 보며 자문자답하면서 소비자의 마음을 읽는 방식'으로 제품을 다듬었을 뿐이다. 대신 영국 출신의 디자이너 조너선 아이브가 매끈하고 세련된 유럽식 디자인 감각을 애플에 이식해주었다.

스티브 잡스의 귀환 이후 애플은 강력한 본사 중심 체제로 되돌아갔다. 애플의 모든 상품기획과 신사업은 본사에 일임되었다. 광고와 선전 역시 본사의 제품 마케팅 팀에서 내려준 규정 그래도 따라야 했다.

확고한 본사 중심 체제를 갖춘 애플은 글로벌 기업으로서 진가를 본격적으로 발휘하기 시작한다. 애플의 글로벌 전략의 핵심은 시장전략이 아니라 제품개발과 부품구매에 이르는 제품전략에 있기 때문이다. 그럼에도 불구하고 애플의 신제품이 나올 때 마다 소비자들은 열광하고, 애플의 매출과 수익은 창사 이래 최대 기록을 경신하고 있다. 이러한 현상의 배경에는 애플의 브랜드 이미지, 창의적인 광고전략 등을 들 수도 있겠지만, 가장 중요한 동력은 소비자의 마음을 사로잡는 강력한 제품력에 있다.

애플의 제품 경쟁력의 두 축은 1990년대 후반 사업 모델 혁신을 통해 구축하게 된 글로벌 네트워크, 그리고 컴퓨터 제조 기업으로서 애플 컴퓨터가 보유하고 있는 기술력, 이 두 가지로 요약할 수 있겠다.

우선 애플의 글로벌 네트워크부터 살펴보자. 아이팟에 담긴 400여 종에 이르는 부품들은 일본(도시바, 마쓰시다), 독일(인피니온), 한국(삼성, 하이닉스) 업체가 만들며, 금형과 조립은 폭스콘, 오스텍과 같은 대만/중국계 전문 생산업체에서 이루어진다. 이러한 공급 네트워크를 관리하기 위해 애플의 구매팀은 일본, 한국, 중국 등 주요 협력업체가 소재한 지역에 상주하며 파트너들의 신제품개발 현황과 제품 개발 로드맵을 수시로 체크하여 본사로 보고한다.

그러나 애플이 이러한 글로벌 네트워크의 정점에서 설 수 있었던 가장 큰 원동력은 애플의 제품력에서 찾을 수 있다. 애플의 제품력은 기술력과 직결된다. 우리는 흔히 애플 제품의 디자인이 좋다고 말하지만 그 아름다운 디자인 역시 애플의 기술력에서 온 것임은 알지 못한다. 애플의 제품을 분해해본 전문가들은 엄청난 수의 부품을 최소한의 공간에, 최적의 성능을 낼 수 있도록 배치하는 애플이 하드웨어 아키텍처 설계 능력과 내장 기술에 감탄을 금치 못한다.

지금까지 살펴본 바와 같이, 애플의 제품은 모든 지역, 모든 소비자를 대상으로 하는 것이 아니다. 애플이 제공하고자 하는 독특한 가치, 즉 디자인과 젊음의 상징으로서 그 가치에 동조하는 소수의 소비자를 대상으로 한 것이다. 즉, 애플은 시장별로 제품을 차별화하지 않고서도 글로벌 표준이라 할 만한 제품과 서비스를 통해 소비자들에게 가치를 창출할 수 있음을 보여주고 있다.

제 4 장

해외시장 진출 방식과 진출 경로 선택

제 4 장

해외시장 진출 방식과 진출 경로 선택

제1절 기업의 국제화 단계와 진출 경로 선택

기업의 국제화 단계는 [그림 4-1]에서 볼 수 있듯이 크게 4가지 단계로 구분할 수 있다. 첫 번째 단계는 국제화 이전단계로서 내수시장 위주의 단계에서부터 출발한다. 두 번째 국제화 초기단계에서는 특정 국가에 진출단계로서 진출 국가 선정, 진입방식 선정, 진출 시기 조절 등이 중요 의사결정 영역들이다. 세 번째 국제화 성장단계에서는 기존에 진출한 해외시장에서 쌓은 경험을 토대로 새롭게 현지 실정에 맞는 마케팅 전략의 수정을 개발하고 실행하는 단계이다. 마지막으로 국제화 성숙단계에서는 글로벌 마케팅단계로서 기존에 국가별, 시장별로 기업의 가치사슬 활동을 유기적으로 통합하고 조정시켜 나가는 단계이며, 마케팅 전략도 국가별, 지역별로 조정해 나가는 단계를 의미한다.

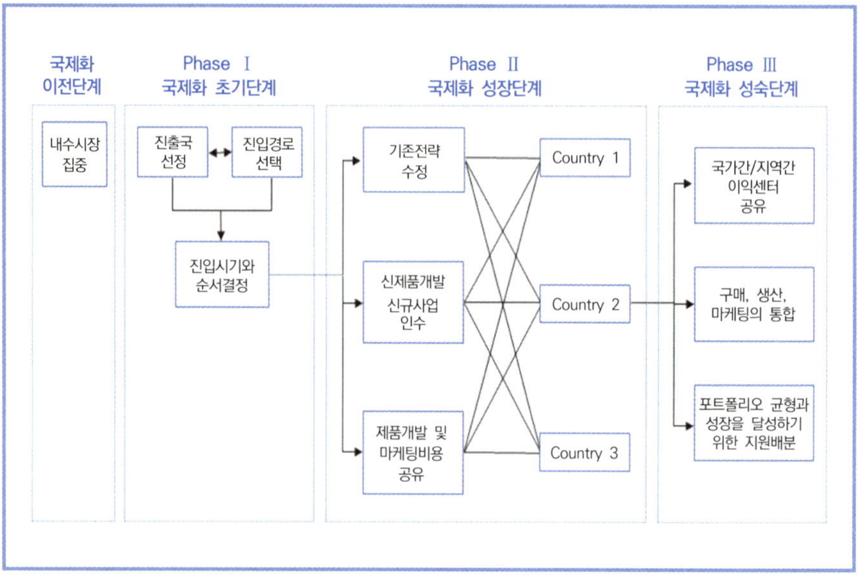

[그림 4-1] 국제화 단계별 주요 의사결정

이와 같은 국제화 단계 중 국제화 초기단계에 있는 기업이 직면하는 가장 첫 번째 의사결정중 하나가 진출시장 선택과 진입경로 선택 문제이다. 그 중에서도 해외시장에 진출방식은 [그림 4-2]에서 볼 수 있듯이 크게 비지분 투자형 방식과 지분투자방식으로 구분할 수 있다. 비지분 투자방식에는 수출과 라이선싱, 프랜차이징 등과 같은 각종 계약형태가 포함되며, 지분투자방식에는 해외단독투자와 합작투자가 포함된다.

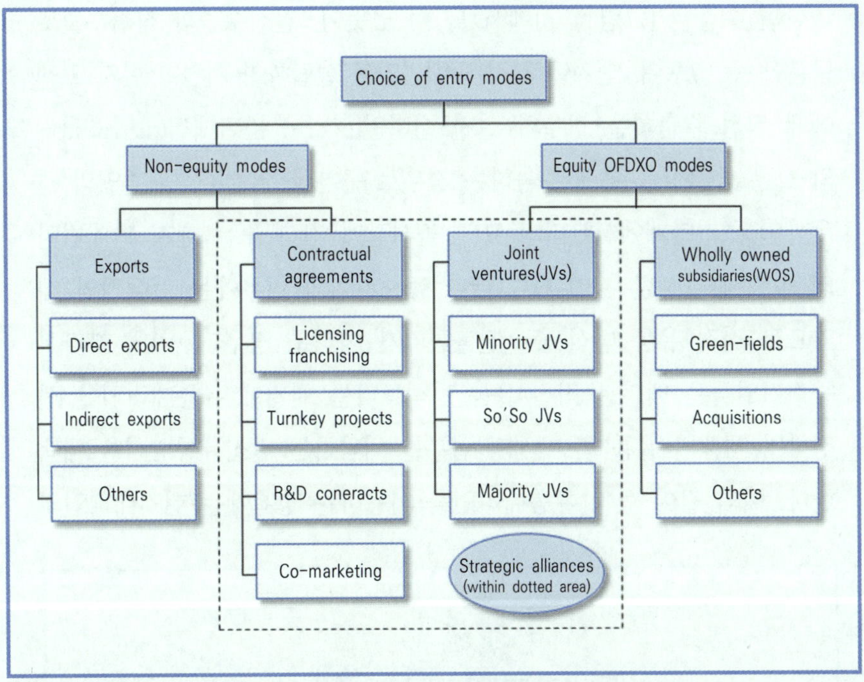

[그림 4-2] 진출방식의 선택

1. 수출방식

수출은 해외시장 진출방식 중 가장 기본적인 방법으로서, 대부분 기업의 가치창출 활동은 본국에서 수행되고 생산된 제품을 현지시장에 판매하는 방식이다. 해외시장에 처음 진출하는 기업은 대부분 수출방법을 우선적으로 고려하는데, 이는 다른 해외진입 방식에 비해 위험이 비교적 적고 해외 진출시장에 대한 경험이 많지 않아도 되기 때문이다.

한편 수출은 [그림 4-3]에서 볼 수 있듯이, 간접수출과 직접수출로 구분할 수 있으며, 현지에 직접 판매법인을 설립하여 기업이 현지 고객에게 직접 수출하는 경우와 현지 대리인(agent)나 판매점(distributor)와 같은 중간상을 통해 수출하는 경우로 구분할 수 있다. 대기업의 경우라면 초기단계에서부터 주요 수출시장에 지사 또는 현지 판매법인의 설립이 가능할 것이다. 그러나 중소기업의 경우에는 현실적인 제약으로 직접 유통 방식으로 진출하기가 어려운 경우가 많다. 따라서 중소기업들은 대부분 직접 유통 방식보다는 현지에 유통대리인을 선정하여 제품의 유통 및 마케팅 업무를 위탁하는 간접유통방식을 채택한다. 이와 같이 현지 유통대리인을 이용하는 경우에는 현지대리인의

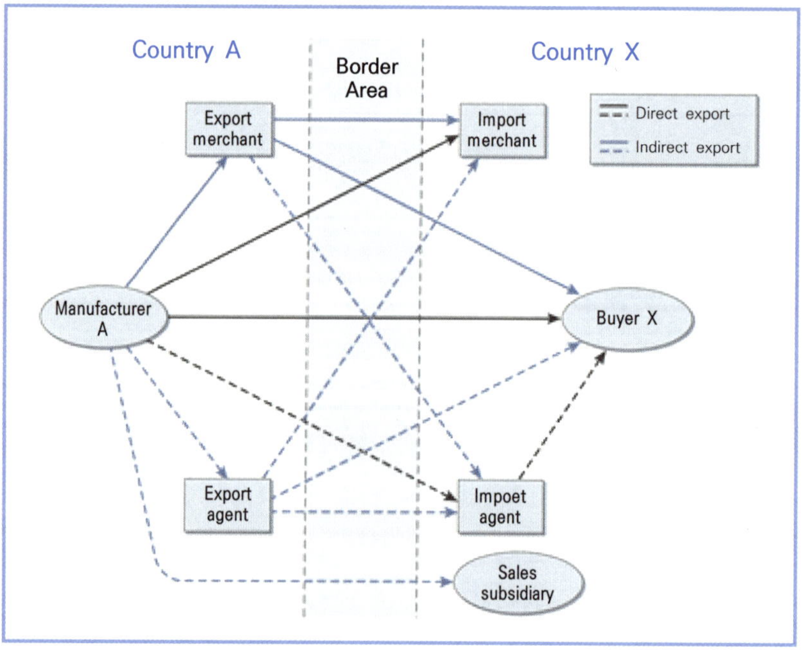

[그림 4-3] 직접수출과 간접수출

해박한 시장정보 및 현지 네트워크를 이용함으로써 마케팅비용이 상대적으로 적게 발생된다는 이점이 있다.

한편 현지중간상인 유통대리인도 다시 대리점(agent)과 판매점(distributor)으로 구분된다. 대리점은 단순히 수출제조업체의 대리인으로서 자신에게 자금 부담과 법적 책임이 없으며, 중개수수료 획득을 목적으로 한다. 반면 판매점은 수입 및 마케팅 비용에 소요되는 비용을 전적으로 자신이 부담하고 판매 시장성을 판단하며 모든 위험을 감수한다. 즉 자신이 수입업자가 되어 제품을 자국 시장 내 들여와 도소매업자나 최종소비자에게 재판매함으로써 수입원가와 판매가격 간 차이인 이윤을 획득한다. 또한 유능한 판매점일수록 수출 제조업체에게 높은 판매마진과 함께 시장 내 독점판매권을 줄 것을 요구한다. 수출제조기업이 수출 경로로서 판매점을 선택하는 사례는 보통 수출 경험이 없거나, 현지 시장 개척이 어려울 경우로 협상력이 떨어져 상대방에게 독점판매권을 쉽게 부여하는 경향이 있다. 그러나 한 번 부여한 독점판매권은 적어도 계약기간 동안 변동이 불가능하다. 책임을 다하지 않거나 무능한 판매점에게 최초 거래부터 독점판매권을 부여하는 것은 미래의 수익을 감소시킬 뿐만 아니라 시장 진출 자체가 실패로 돌아갈 수 있다.

이처럼, 수출의 성패는 얼마나 유능한 수입상과 거래하느냐에 많은 영향을 받는다. 따라서 적절한 현지 유통 업자를 선정하는 것이 매우 중요하다. 잠재력이 높은 현지 유통대리인을 수배하는 방법으로는 정부기관, KOTRA, 상공회의소, 은행, 운송회사, 선박회사, 광고대행사 등의 추천을 받거나, 거래선의 제의, 상품관련 전시회 참석 등을 통해 관련 기업을 파악한다.

작성된 후보 기업의 명단이 정해지면, 이메일 또는 서신을 발송한다. 발송하는 서신 내용에는 수출제조기업의 연혁, 신용상태, 제품소개(카탈로그), 현지시장에서의 판매 잠재력, 기대하는 유통대리인의 역할 등을 주요 내용으로 한다. 또한 제의에 관심을 가지는 경우 회신을 달라는 문구와 함께 유통대리인에 대한 간략한 신상정보, 취급품목 등을 알려달라는 요청 내용을 포함시킨다. 회신이 오면 정보를 분류하고 우선순위를 정해 간추린 후보자들에게 서신을 재발송한다. 재발송 서신에는 현지 시장에서 판매계획, 예상 판매량, 제조업체에 바라는 내용에 대한 문의가 있다면 요청하라는 내용을 삽입한다. 신용도 파악은 후보자 스스로 신용상태에 대한 내용증명을 보내달라는 요청과 동시에 수출기업이 자체 유료조사를 국내외 거래은행, 전문 신용평가기관 등을 의뢰해 복수의 검증절차를 추진한다. 3~5개의 최종 후보군이 형성되면, 직접 방문을 하여 인터뷰를 진행한다. 현지출장은 후보 유통대리인의 시장 내 평판, 사업현황 등을 파악하고, 심도 있는 대화를 통해 상대방의 역량과 열정을 확인하는 데 초점을 맞춘다.

2. 계약방식 : 라이선싱, 프랜차이징, 계약생산

계약방식중 대표적인 예가 라이선싱이다. 라이선싱(licensing)이란 상대방 기업에게 제공되는 지식의 내용, 기간, 대가의 지불방법 등을 계약에 의해 정하고 제공받는 업체가 자신의 비용과 책임 하에 생산하여 판매하는 방식이다. 이러한 라이선싱 방식의 경우는 지식을 제공하는 업체는 현지의 경영 활동에 관여하거나 책임을 지지 않으며 제공하는 지식에 대한 대가만을 받게 된다. 따라서 책임과 위험이 적고 안정적인 수입이 보장되지만 현지 시장에서의 통제권이 없고 투자 수익의 기회가 없게 된다.

계약형태의 또 다른 예로는 프랜차이징(franchising)과 계약생산(contract manufacturing) 등이 있다. 먼저 프랜차이징은 제공기업이 보유한 상호, 상표, 기술 등의 사용권을 특정 기업이나 개인(franchisee)에게 허용할 뿐만 아니라 상대방에 대해 조직, 마케팅 및 일반 관리 분야 등에 지원을 제공하며 원료를 공급하는 등 라이선싱의 확대된 개념이다. 좁은 의미의 라이선싱이 주로 제조업과 관련된 생산기술이나 특허권 등을 대상으로 하는데 비해 프랜차이징은 패스트 푸드를 비롯한 식음료 사업과 호텔, 자동차 렌트 등의 서비스 산업에서 활발히 이루어지고 있다. 최근에는 한국의 외식업체들도 해외시장에 프랜차이즈 계약을 통해 진출하는 사례가 늘고 있다. 놀부, 제너시스BBQ, 크라제버거 등이 그 예들이다. 이들은 예외적으로 직접투자 형태로 진출하는 경우도 있지만 대개는 마스터 프랜차이즈(Master Fanchise) 형태로 진출한다. 마스터 프랜차이즈는 특정 국가 혹은 지역 내에서의 독점적 사업권을 한 기업에게 부여하고, 그 기업이 직영점이나 가맹점을 통해 사업을 진행하는 방식을 말한다. 대개 프랜차이저는 마스터 프랜차이즈 계약에 따른 로열티와 개설 점포당 로열티 그리고 매출액에 비례한 경상 로열티(running royalty)를 받게 된다.

계약생산(contract manufacturing)은 진출 국가의 특정 기업에게 일정한 조건 하에 제품을 생산하도록 하고, 현지시장이나 제3국에 대한 판매 및 마케팅은 직접 담당하는 방식이다. 계약생산은 현지 업체에게 기술제공이라는 측면에서는 라이선싱과 비슷하고 현지생산과 마케팅이라는 점에서는 해외직접투자와 비슷하지만, 생산된 제품을 직접 판매한다는 점에서는 라이선싱과 다르고 생산에 대한 자본투자가 없다는 점에서는 직접투자와 다르다. 계약생산은 상대적으로 적은 자금과 경영 인력의 투입으로 조기에 시장진입을 할 수 있고, 일반적인 라이선싱과는 달리 애프터 서비스를 포함한 마케팅 활동의 통제권을 가질 수 있는 장점을 지니고 있다.

계약생산은 직접투자를 정당화하기에는 목표시장이 너무 작다거나 수출에 대한 제한이나 비용이 클 경우에 적당한 진입방법이라 하겠다. 반면에 적절한 현지 생산업체를 찾는 것이 어렵거나 불가능할 수 있고, 그러한 기업이 존재한다고 해도 원하는 품질과 수량의 제품을 확보하기 위해서는 상당한 정도의 기술적 지원이 필요하다는 점은 계약생산의 단점으로 지적된다. 라이선싱과 마찬가지로 미래의 경쟁자를 키워주는 위험도 고려해 보아야 할 사항이다.

3. 해외직접투자 방식

해외직접투자 방식은 기업이 보유하고 있는 생산요소 및 경영자원을 하나의 패키지 형태로 해외로 이전하여 직접 경영활동을 전개하는 형태의 시장진입방식이다. 따라서 투자에 대한 이익과 권한을 갖게 되지만 그만큼 책임과 투자손실 위험이 수반된다. 따라서 해외직접투자방식에는 현지에서 모든 생산 공정을 갖추어 생산된 제품을 현지에서 판매하는 자기완결형 해외직접투자방식도 존재하지만, 제조 및 생산시설이 본국에 설치되어 있고, 모든 부품은 본국에서 수입하여 현지에는 단순 조립과정만을 설치 운영하는 일종의 수출 우회 방식인 해외 직접투자방식이 존재하기도 한다.

해외직접투자(foreign direct investment : FDI)는 생산, 마케팅, 관리, 기술 등 경영에 필요한 모든 요소들을 현지에 패키지 형태로 투자하고, 자신의 통제 하에 이들 경영요소를 두고 있기 때문에 해당 기업이 가지고 있는 경쟁우위를 가장 잘 실현할 수 있는 시장진입 방식이다. 또한 해외직접투자 방식은 낮은 임금 등 현지 진출국의 입지적 우위를 활용할 수 있는 기회를 가질 수 있다. 반면에 해외직접투자는 높은 위험을 수반하는 특징을 아울러 가지고 있다. 다른 진입방법에 비해 기업자원의 투입이 많고 이는 곧 위험에 대한 노출 역시 크다는 것을 의미한다. 특히 초기 투자비가 많이 소요되고 투자 회수 기간이 길며 미진한 성과나 전략 수정으로 인한 투자 철수가 용이하지 않기 때문에 직접투자의 결정은 신중한 판단을 요구한다.

1) 해외투자의 유형

해외투자는 현지투자기업의 지분 확보비율에 따라 모기업이 100%의 지분을 가지고 전적으로 경영권을 행사하는 단독투자(sole venture, Wholly Owned Subsidiary)와 다른 기업(대개의 경우 현지 기업)과 지분 및 경영권을 공유하는 합작투자(joint venture)로 구분할 수 있다. 또한 기업의 설립형태에 따라 새로이 기업을 설립하는 경우(new establishment, 또는 greenfield investment)와 기존 기업에 대한 인수 및 합병(Merger & Acquisition)으로 구분된다.

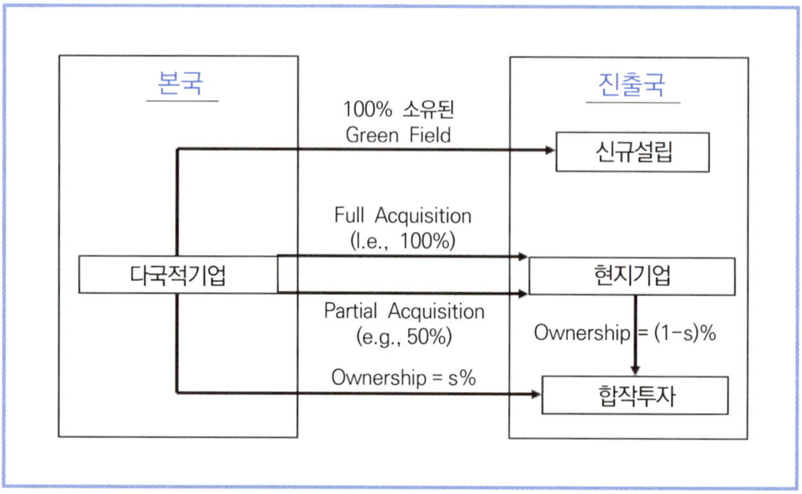

[그림 4-4] 해외직접투자의 형태

2) 단독투자와 합작투자

단독투자는 지분 전체를 보유하고 100% 통제권을 행사할 수 있기 때문에 경영권을 장악하고 투자 이익도 독점할 수 있는 장점이 있다. 그러나 그런 만큼 위험부담 역시 커지게 되며, 업종과 진출국(host country)에 따라서는 단독투자를 허용하지 않거나 합작투자에 비해 불이익을 주는 경우도 있다.

이에 비해 투자지분을 다른 기업과 공유하는 합작투자는 과도한 투자비 부담을 줄임과 동시에 적절한 합작 파트너의 선정을 통해 자신의 약점과 부족한 부분을 보완해 줄 수 있는 장점을 지니고 있다. 투자기업의 입장에서 볼 때 자신의 약점이란 자본과 경영자원의 상대적 부족, 투자 대상국의 현지 사정에 대한 경험과 이해 부족 등을 예로 들 수 있으며, 경우에 따라서는 외국기업이라는 사실 자체가 현지 국민들에게 부정적 이미지를 줄 수도 있다. 이 중에서도 현지의 전반적인 환경에 대한 이해 부족이나 공급자, 고객, 노조, 은행, 정부관리 등과의 인간적 관계를 포함한 현지 경영 관행에 대한 경험 부족은 외국기업으로서 피하기 힘든 약점이 된다. 이런 경우 적절한 현지기업을 투자파트너로 삼아 합작기업을 운영한다면 많은 문제가 해결될 수 있는 것이다.

그러나 합작투자는 실패율이 매우 높은 편이다. 합작 초기에는 양자의 이해가 일치하여 이상적인 관계로 출발했다 해도 시간의 흐름에 따라 이해가 상충될 가능성이 항상 존재하기 때문이다. 경영권을 분담하므로 효율적인 의사결정이 어려울 수 있고 독자적인 기술과 노하우가 상대 합작 파트너를 통해 외부로 유출된 위험도 있다. 투자이익을 나누어야 한다는 점도 단점이 될 수 있다. 이러한 문제들 때문에 일단 합작형태로 진출했다가 현지시장에 대한 이해와 경험이 축적되면서 단독투자로 전환되는 사례가 많이 나타나고 있다.

따라서 합작투자사업의 경우에는 시너지 창출이라는 합작투자가 갖는 고유의 장점을 극대화하면서 합작 파트너간 갈등과 기회주의적 행동을 최소화시켜 나갈 수 있는 경영관리 방안이 무엇보다 중요한 과제이다.

3) 신규설립과 인수합병

단독투자와 합작투자와의 구분이 지분확보 비율에 따른 것이라면, 신설과 인수합병은 투자대상 기업의 설립형태에 따른 구분이다. 즉 신설이란 기업을 처음부터 새로 세우고 경영활동을 전개하는 것을 말하며 인수나 합병은 이미 존재하고 있는 현지 시장국내의 기존 기업 경영권을 확보하는 형태의 해외직접투자이다.

신설은 기업의 설립과 함께 경영활동 계획을 새롭게 진행할 수 있는 장점이 있는 반면 시간적으로 오래 걸리고 자금 부담도 커질 수 있는 단점을 가지고 있다. 이에 비해 기존 기업의 인수는 비교적 짧은 시간 안에 사업을 전개할 수 있고, 인수조건의 협상에 따라서는 자금 부담을 경감할 수 있다는 장점이 있다. 매각대상으로 나와 있는 기업은 뭔가 어려운 상황에 처한 경우가 많아 협상력의 열세를 보일 수 있기 때문이다. 또한 기존 기업이 가지고 있는 기술, 인력, 유통망, 거래관계, 마케팅 능력 등의 제반 자원을 활용할 수 있는 장점도 있다.

그러나 인수합병방식은 기존 기업의 장점뿐만 아니라 문제도 함께 인수할 가능성이 큰 방식이므로 세심한 사전조사가 필요하다. 또한 기존 기업이 보유하고 있던 유능한 기술 및 경영 인력을 적절한 동기부여와 함께 효과적으로 유지 관리해야 한다는 점도 기업 인수의 중요한 과제가 된다. 기술 확보 차원에서 기술 집약형 벤처기업을 인수한 경우, 핵심 기술 인력이 다른 기업으로 이직한다면 인수의 효과는 감소되기 때문이다.

제2절 해외진출 방식의 선택

해외진출 방식은 수출, 계약방식, 해외직접투자 방식 등으로 다양하다. 이와 같은 해외직접투자방식은 서로 다른 장단점을 가지고 있다(〈표 4-1〉 및 [그림 4-5] 참조). 즉 해외직접투자의 경우에는 위험 및 투자 부담은 가장 높은 진출방식이나 현지시장에서 통제력이나 수익성은 가장 높은 진입방식이다. 반면에 수출방식은 해외시장 진출에 따른 추가적인 위험부담과 별도의 투자 부담은 상대적으로 낮은 가장 안전한 해외진출 방식이다. 하지만 수출방식의 경우에는 buyer에게 제품을 수출하면 권한과 의무가 끝나기 때문에 현지시장을 직접 경험할 수도 없고 현지 소비자의 반응을 파악할 수 있는 기회도 적다. 뿐만 아니라 수출방식은 위험부담이 없는 대신에 이익도 매우 제한적이라는 특징을 가진다.

▶▶ 표 4-1. 해외시장 경로별 특징 비교

	수출	계약형태	해외직접투자
시장침투	낮음	중간	높음
통제력	낮음	중간	높음
투자부담	낮음	중간	높음
시장피드백	낮음	중간	높음

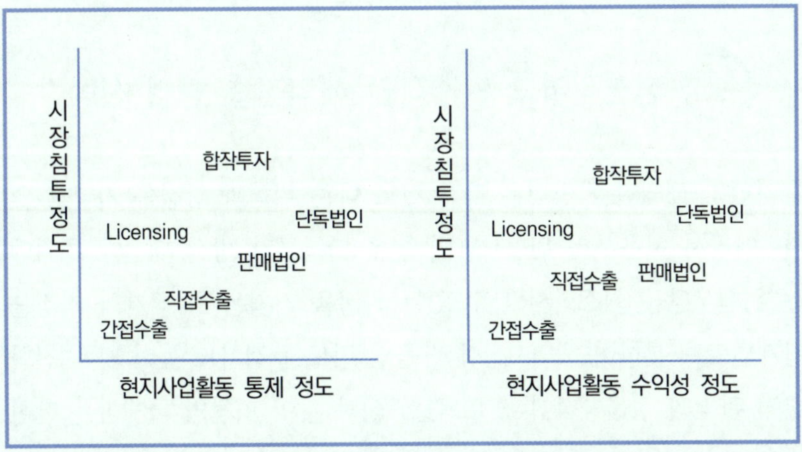

[그림 4-5] 해외진입 경로별 특징

라이선싱, 프랜차이징, 생산계약 등 계약방식의 경우에는 수출과 해외직접투자에 대해서 서로 다른 장점과 단점을 지니고 있다. 먼저 수출의 경우와 비교하면 현지시장개입의 정도가 보다 높아진다는 장점이 있고 향후 해외진출의 교두보를 확보할 수 있다는 장점을 지닌다. 반면에, 자신의 노하우를 현지 업체에게 노출시켜 '부메랑 효과'가 발생될 가능성이 크다는 단점을 지닌다. 해외직접투자와 비교하면 계약방식의 경우에는 별도의 투자비용 부담에서 벗어날 수 있을 뿐만 아니라 경영성과에 상관없이 합의한 계약에 따라 기술료를 확보할 수 있다는 장점이 있다. 반면에 계약 기간 내에 현지시장에 직접 개입해서 사업 활동을 할 수 없다는 점에서 시장기회를 스스로 한정시키는 단점을 동시에 지니고 있다.

이와 같은 서로 다른 특징을 지니고 있는 해외진출방식을 기업들이 선택하는 방법에는 다시 점진적이고 단계적인 방식과 전략적 접근방식으로 구분된다.

1. 점진적이고 단계적인 해외진출 방식 선택

기업의 해외진출 방식은 각각 서로 다른 위험과 장점을 지니고 있다. 따라서 처음부터 위험부담이 높은 단독투자 방식 대신에 초기에는 위험부담을 최소화시킬 수 있는 과정을 거치는 등 국제화 과정을 단계별로 구분하여 해외시장에의 몰입 정도를 점차로 높여 가는 진화론적 관점의 접근방식이다. [그림 4-6]과 같이 기업의 국제화는 간접수출, 직접수출, 라이선스, 판매법인, 합작투자, 직접투자의 순으로 그 규모와 몰입이 점진적으로 확대되는 방식이다. 예를 들어 삼성전자의 미국진출 초기에는 그룹 내 종합무역상사인 삼성물산을 통한 간접수출로 이루어졌으나 수출물량이 증대됨에 따라 직접수출로 전환하였다. 즉 수요가 점차 증대되자 삼성전자는 미국 내 판매지사를 설립하여 수출입업무를 담당시켰고, 수출 규모가 더욱 커지고 유통망을 장악할 필요성이 대두됨에 따라 판매법인을 설립하게 되었다. 삼성전자는 그 이후 Texas주 Austin에 반도체 생산공장을 설립하여 운영하고 있다.

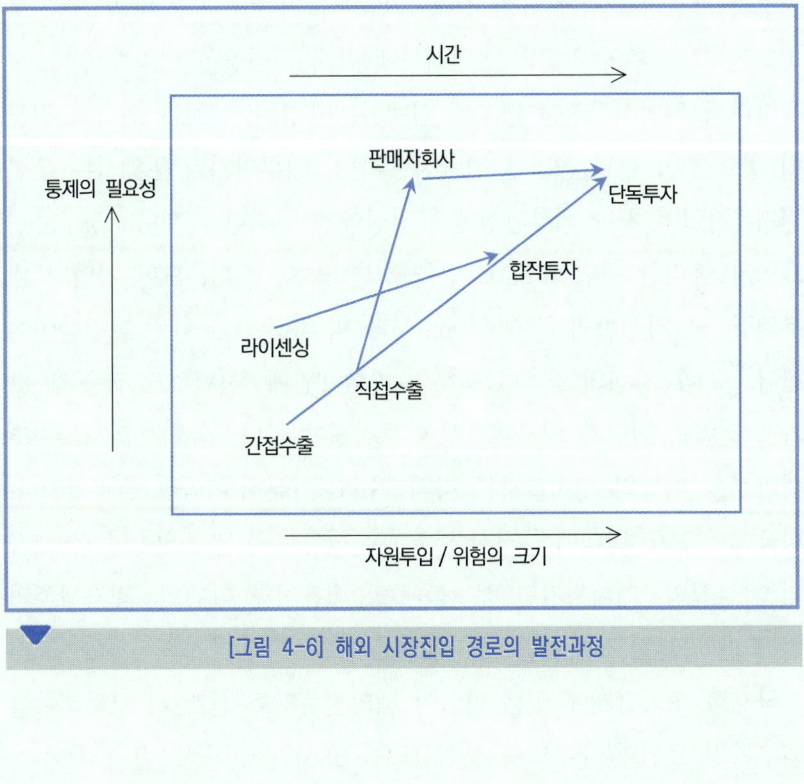

[그림 4-6] 해외 시장진입 경로의 발전과정

2. 전략적 접근 차원의 해외진출 방식 선택

점진적이고 단계적인 국제화 단계는 위험을 점진적으로 증대시킬 수 있다는 장점이 있는 반면에 급변하는 국제환경에 신속하게 적응하기가 어렵다는 한계를 지닌다. 즉, 점진적이고 단계적인 해외진출 방식만을 고집할 경우, 기업이 갖고 있는 경영자원, 국제화 경험, 산업의 특성, 투자국의 환경 등 외부환경과 내부여건을 충분히 고려하지 못하는 경우가 발생되기 쉽다. 디즈니사의 사례에서 볼 수 있듯이 현지시장 환경과 자신의 역량에 대한 전략적 판단 없이 이루어진 해외진출경로 선택은 그 이후의 기업의 사업성과에 막대한 영향을 미치게 된다.

따라서 해외시장진출 경로를 선택하는데 있어서 보다 전략적 접근이 필요하다. 한편 올바른 전략적 결정이 이루어지기 위해서는 우선 먼저, 기업이 처한 외부환경에서 자산에게 유리한 기회(opportunity) 요인과 불리한 위협(threat)요인을 선별하여야 한다. 또한 기업의 내부역량 중 자신만의 강점(strength)과 약점(weakness)을 파악하여야 한다. 그 후 자신의 강점을 외부의 기회요인에 "선택하고 집중"해 나가는 전략적 판단과 의사결정이 이루어져야 한다. 흔히 이와 같은 분석과정을 이들의 머리글자를 따서 'SWOT 분석'이라고 일컬어진다. 미국에서 1970년대에 등장한 SWOT분석은 사실은 2,500년 전 손자의 가르침인 '지피지기면 백전불패'의 내용이나 다윈의 "적자생존의 법칙"과 근본적으로는 동일한 개념이고 할 수 있다.

국제화 초기단계에 있는 기업이 해외진출경로 선택 시 고려해야할 외부환경 요인과 내부역량 분석요인을 표시한 것이 [그림 4-7]이다.

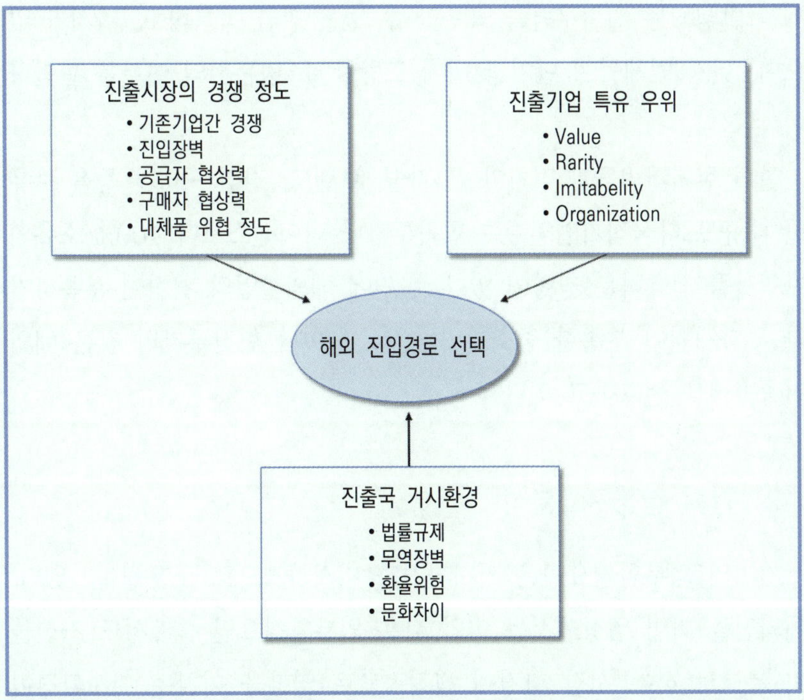

[그림 4-7] 전략적 접근방식

1) 기업 내부역량분석

기업의 해외진출경로 선택은 기업의 내부역량과 밀접한 관련이 있다. 해외진출기업은 현지기업에 비해서 많은 어려움을 안고 있다. 이와 같은 어려움을 총칭해서 외국인비용으로 부르고 있다. 따라서 높은 외국인비용을 지불하면서도, 현지 시장의 치열한 경쟁에서 살아남기 위해서는 현지기업이나 경쟁기업이 보유하지 못한 핵심역량을 보유하고 있어야만 한다. 따라서 올바른 해외진출 경로를 선택하기 위해서는 기업이 보유한 핵심역량이 무엇이며, 이와 같은 핵심역량이 현지에서 발생되는 위험부담을 극복할 수 있을 만큼 독특하고, 가치가 있으며, 현지 업체들이 단기간 내에 모방할 수 없는지의 여부를 판단하여야 한다.

한편 현지기업들과 격차가 큰 기술, 브랜드, 경영 노하우 등을 보유한 대규모 다국적기업일수록 합작투자나 라이선스보다 100% 소유의 자회사를 선호하는 경향이 있다. 반면에 해외사업의 경험이 부족하거나 투자재원이 부족한 중소기업들은 수출이나 합작투자와 같은 해외진출방식을 선호하고 있다.

2) 현지 경쟁구조분석

기업의 외부환경요인은 거시환경과 미시환경으로 구분될 수 있다. 해외진출 기업 입장에서는 이와 같은 외부환경요인 중에서도 자신들이 목표로 하는 시장 환경에 직접적으로 영향을 미치는 미시환경이 진출기업들에게 얼마나 유리하게 조성되어있는지를 파악하는 것이 중요하다.

이와 같은 특정 목표시장에서의 기회와 위협요인은 M. Porter가 제시한 산업구조 분석을 통해서 파악할 수 있다. 즉, 해당 시장 내에서 기존 경쟁기업간의 경쟁강도, 신규경쟁자의 진입 위협정도, 대체품 출현 가능성 정도, 구매자와 소비자의 위협 정도 등을 분석하여 시장의 기회와 위협요인을 분석한다.

한편 수출은 현지 시장국 내의 경쟁자 수나 이들의 상대적 경쟁력의 강도가 소수의 지배적 경쟁기업이 시장을 장악하고 있는 경우보다는 주도적 경쟁자가 없는 다수 경쟁체제에서 선호되는 방식이다. 반면에 진출국의 경쟁구조가 독과점 시장인 경우 직접적인 진입방식이 바람직할 수 있다. 또한 적절한 유통업자(수입상, 도매상)가 존재하지 않거나 이미 다른 경쟁기업과 독점적으로 연결되어 있다면 마케팅 법인이나 지점 설치를 고려할 수밖에 없다.

3) 현지 거시 환경 분석

해외진출 기업들이 직면하는 기회와 위협요인은 현지 문화, 정치, 경제 등의 거시 환경의 변화와 특징에 의해서 영향을 받는다. 즉, 진출국가의 문화, 정치, 경제 등의 변동성이 클수록 해외투자에 따른 위험부담은 더욱 커지게 된다. 예를 들어 러시아에 최초로 진출한 한국기업들은 빈번한 도난과 합작 파트너의 사기 행각, 수출대금의 지급불능 또는 광금석과 같은 현물 지급 등 각종 불확실성에 직면하고 있다.

따라서 이 경우 해외진출 기업들은 수익성보다는 위험을 축소하는 방향으로 해외진출 경로를 선택하고 있다. 또한 가치관, 언어, 사회구조, 생활양식 등과 같은 사회문화적 환경이 본국과 매우 다를 경우 현지에서 경영활동을 직접 영위하는 것은 여러모로 어려울 수 있으므로 직접투자보다는 수출이나 라이선싱과 같은 비지분 투자방식에 의한 시장진입이 선호된다.

사례 : 유로 디즈니랜드의 해외진출 방식

"순간의 선택이 10년을 좌우합니다."라는 광고 카피가 유행한 적이 있다. 디즈니랜드의 본사는 테마파크사업의 해외진출 방식에 관해 잘못된 판단과 선택으로 인해 이득은 놓치고 손해는 키우는 아픈 경험을 갖고 있다.

1) 도쿄 디즈니랜드

도쿄 디즈니랜드는 "Oriental Land"라는 일본 현지법인이 100% 소유권을 보유하고 있는 일본 기업이다. "Oriental Land"은 일본에서 미국식 테마파크에 대한 높은 사업성을 알고 있었지만, 실제 경영 노하우나 브랜드 파워는 보유하고 있지 못한 상태이다. 따라서 "Oriental Land"의 노보루 가미사와 수석부사장은 월트디즈니사가 일본에 직접 투자할 것을 여러 차례 협의를 시도하였으나 일본의 제의는 번번이 거절되었다. 다만 디즈니사는 일본 "Oriental Land"사와 프랜차이즈 계약을 통해서 디즈니 관련 브랜드 및 경영 노하우 등을 제공하고, 대신에 입장료 수입의 10%와 상품 및 음식물 판매액의 5%에 해당하는 프랜차이징 기술료를 받기로 하였다. 디즈니사는 일본 시장 규모의 한계와 투자비용의 위험부담으로 인해 현지 직접투자 방식 대신에 보다 손쉬운 프랜차이징 계약을 선택한 것이다. 해외직접투자방식에 비해서 프랜차이징 계약방식은 별도의 투자부담 없이 추가적인 수익을 창출할 수 있는 방법이기 때문이다. 그러나 이와 같은 디즈니사의 계산은 실수라는 것은 오래지 않아서 판명되었다. 1993년 3월 31일로 끝나는 회계연도의 도쿄 디즈니랜드의 세전 순이익은 2억 200만 달러에 달했다. 입장객 수도 매년 기록을 경신하고 있는데 1990년 1,400만 명, 1991년 1,600만 명, 1998년 1,700만 명 등 매년 천만 명이 넘는 입장객 수를 기록하고 있다. 현재까지 일본 전체 인구의 2배에 달하는 2억 명 이상이 공원을 방문한 것으로 보고되고 있다. 도쿄 디즈니랜드는 미국에 있는 두 공원을 거의 그대로 복사한 것이라고 볼 수 있다. 표지판은 모두 영어로 되어 있으며 대부분의 음식도 미국식이다.

한편, 개장 첫해부터 디즈니사의 예상과 달리 많은 방문객 수는 큰 이익으로 연결되었으나 그 열매는 전적으로 일본기업인 "Oriental Land"사의 몫이었다. 1984년 디즈니사는 도쿄 디즈니랜드로부터 4천만 달러의 로열티 수입을 받아갔지만 수억 달러에 이르는 이익은 모두 오리엔탈 랜드(Oriental Land)의 몫이었다.

2) 유로디즈니랜드

잘못된 해외진출 방식의 선택으로 상대적 박탈감이 큰 디즈니사는 손해를 만회하기 위해서 도쿄 디즈니랜드사와는 별개로 프랑스에 "유로디즈니랜드"를 1992년에 새로 개장하였다. 새로 개장하는 유로디즈니랜드의 경우에는 도쿄 디즈니랜드의 경험을 교훈 삼아서 기존의 프랜차이징 계약방식 대신에 현지기업과 합작투자

하는 방식을 선택한 것이다. 즉 디즈니사는 유로디즈니랜드의 소유권의 49.9%를 소유하기로 한 것이다. 디즈니사는 이와 같은 합작지분 이외에 3~6%에 해당하는 경영수수료와 입장료 수입의 10%, 음식물 매출액의 5%를 로열티로 받기로 하였다. 디즈니사는 유로디즈니사의 성공을 위해서 36억 불을 투자하였다. 또한 디즈니사는 유로 디즈니의 개장에 맞춘 대대적인 마케팅 캠페인에 2억 2천만 불을 쏟아 부었다. 이러한 대대적인 노력에도 불구하고 첫해의 입장객 수는 예측치에 20% 정도 미달하였다. 이러한 실망스러운 성과는 방문객이 음식과 기념품에 평균적으로 지출하는 비용도 기대 이하였다. 개장 후 5개월 안에 유로 디즈니의 주식가격은 164프랑에서 64프랑으로 떨어졌다. 결과적으로 유로 디즈니의 손실은 첫 회계연도 동안 9억 불 이상이며 이와 같은 손실은 고스란히 직접투자 방식으로 진출한 디즈니 본사의 손해로 돌아갔다.

전문가들이 꼽는 유로디즈니사의 입장객 유치실패 요인은 높은 입장료, 유럽경제의 불황, 적정한 가격의 숙박시설 부족과 프랑스 사람의 자존심 때문으로 지적되고 있다. 1992년 9월 유로디즈니는 신임사장에 프랑스인 필립 보르기논(Philippe Bourguignon)을 임명하고, 전임 사장인 로버트 피쯔패트릭은 개장 1주년 되는 1993년 4월 12에 회장직에 물러났다.

물러난 로버트 피쯔패트릭은 돌아가는 비행기속에서 이런 상념에 빠져 들고 있었다.

"타임머신을 타고 돌아갈 수 있다면, 유로디즈니랜드는 프랜차이징 방식으로, 도쿄디즈니랜드는 100% 단독투자형태로 진출 할 텐데……."

(자료 : Beamish & 전용욱, 사례국제경영, pp. 43~52. : 전용욱, 김주헌, 윤동진 공저, 국제경영, pp. 61~62. : 각종 일간지 기사 내용을 참조하여 정리하였음)

제 5 장

국제마케팅

제 5 장
국제마케팅

제1절 마케팅의 주요 개념

1. 시장세분화, 목표시장 선정, 포지셔닝

마케팅(market + ~ing)이란 경쟁이 치열한 시장(market)에서 경쟁 제품 대신에 자사제품을 소비자들이 선택하게 하는 기업의 일련의 활동을 의미한다. 경쟁시장에서 소비자는 오로지 소비자의 이익에 따라 행동한다. 소비자 입장에서 가장 이익이 되는 방식 즉 동일한 제품인 경우에는 가격이 가장 낮은 제품을 선택한다. 그러나 언제나 가격이 싼 제품만을 소비자가 선택하는 것은 아니다. 가격이 높아도 더욱 잘 팔리는 경우도 시장에서 종종 볼 수 있는데, 이 경우에는 소비자가 높은 가격을 지불해도 그 이상 몇 배 더 큰 이익을 소비자가 얻을 수 있다는 확신이 있는 경우에는 가격이 비싼 제품도 소비자는 선택하게 된다.

결국 기업이 마케팅을 잘하기 위해서 즉 치열한 경쟁시장 하에서 도태되지 않고 성장하기 위해서는 경쟁제품보다 싸게 생산할 수 있거나 아니면 가격대비 소비자가 느끼는 편익을 높여 나가야 한다. 그러나 소비자의 편익을 높이는 일은 간단한 문제가 아니다. 과거에는 소비자의 편익이 값싸고, 튼튼하고 품질만 좋으면 누구나 만족하였다. 그러나 생산기술의 급격한 발달로 인해 값싸고 튼튼하고 좋은 품질은 소비자에게 필요조건이지 충분조건은 더 이상 아니게 되었다. 소비자는 제품이 갖는 기능적 편익은 물론이고 감성적 편익, 사회적 편익, 자아실현적 편익 등 다양하고 주관적인 편익을 요구하고 있고 또 이들 편익들이 소비자의 제품구매에 있어 중요 선택기준이 되고 있다.

소비자 위주의 시장(buyer's market)에서 기업이 살아남기 위해서는 소비자의 요구를 충실히 실현시켜 나가는 방법 이외에 기업이 생존할 수 있는 방법은 없다. 따라서 마케팅활동은 자신의 소비자가 누구인지 그리고 그들이 추구하는 주관적 편익이 무엇인지를 정확하게 파악하는 것이 무엇보다 중요한 과제가 되고 있다.

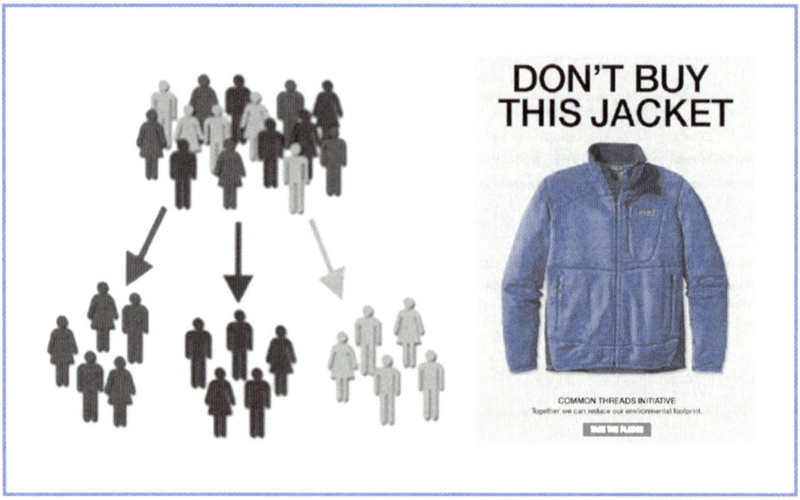

[그림 5-1] 파타고니아의 시장세분화

시장세분화(market segment)는 이런 필요성에 따라서 등장한 개념으로, 시장에 존재하는 다양한 소비자의 요구를 구분하여 각각의 시장에서 서로 다른 소비자의 욕구를 만족시키기 위해서 기업이 서로 다른 방식으로 대응하는 일련의 행동을 의미한다.

마케팅에서 시장을 세분화하는 방식으로는 ① 소비자의 인구통계적 특성, ② 소비자의 심리적 특성 그리고 ③ 소비자의 구매행동 특성 등으로 구분하여 살펴보고 있다.

인구통계학적 변수들(나이, 성, 가족의 규모, 직업, 소득 등)은 겉으로 드러나는 고객의 모습으로 고객의 욕구를 세분화하는 방법으로 측정이 비교적 용이하기 때문에 세분화 변수로 가장 널리 이용되고 있다.

심리분석 변수로는 고객이 갖고 있는 내면의 생각으로 고객의 요구를 세분화하는 방법을 의미한다. 고객의 내면의 생각은 고객의 평소 활동(Activity), 관심(Interest), 의견(Opinion)을 기준으로 세분화하는 AIO변수를 활용하여 고객 내면에 대한 상세한 정보를 파악한다.

행동분석적 변수는 고객의 행동으로 파악하는 방법으로 고객이 어떤 사람인지 보다는 어떤 행동을 하는지에 따라 고객의 요구와 시장을 구분하는 것으로 소비자가 추구하는 편익, 구매준비단계, 브랜드 충성도 등이 사용된다.

목표시장 선택은 시장세분화를 통해서 파악한 소비자의 가치 중에서 기업이 갖고 있는 강점과 약점을 고려하여 가장 경쟁력 있는 시장을 찾아내는 단계로서 기업으로서는 자원을 선택과 집중하는 대상을 찾는 단계이다. 물론 자원과 경험이 많은 대기업이라면 여러 개의 목표시장을 선정하여 시장별로 서로 다른 방식으로 소비자의 가치를 실현해나가는 마케팅 방식을 사용하게 된다. 그러나 중소기업들은 대부분 특정 소비자의 가치에 초점을 맞추어 자신의 역량을 선택하고 집중하는 틈새시장을 선택한다.

포지셔닝 전략은 선택된 목표시장의 소비자에게 자신의 제품을 왜 구매해야 하는지를 그리고 왜 자신의 제품이어야 하는지를 경쟁제품과 차별화시켜 인지시키는 단계를 의미한다. '꽁짜 점심은 없다'라는 말처럼 소비자도 제품을 구매하기 위해서는 대가를 지불하는데, 이때 소비자는 지불하는 대가보다 훨씬 못한 제품을 구매할 가능성에 대해 늘 걱정과 두려움을 갖고 있다. 따라서 소비자들은 제품을 구매할 때 구입 이후에 속을 위험이 없거나 구입한 제품에 대해 확신이 없다면 구입을 포기하거나 미루게 된다. 특히 소비자의 입장에서 전혀 인지도가 없거나 인지도가 있어도 경쟁제품에 비해서 특별히 구입을 해야 할만한 강력한 이유를 알지 못하는 제품은 구입을 망설이게 되는 것이다. 결국 포지셔닝은 소비자의 기억속에 자사의 제품의 가치를 확실히 인지시키는 과정이다. 특히 경쟁기업에 비해서 왜 구입해야 하는지 또 자사제품구입이 왜 소비자에게 확실한 이득인지를 소비자의 가슴속에 강력하게 포지셔닝하는 활동을 의미한다.

2. 마케팅 믹스 전략

시장세분화(segmentation), 목표시장선정(targeting), 포지셔닝(positioning) 즉 STP분석은 소비자의 다양한 가치를 세분화하여 파악하고 그중에서 가장 경쟁력 있는 시장을 선택하여 자사제품을 왜 구입해야 하는지 그리고 경쟁기업보다 자사제품을 구입하는 것이 왜 소비자 입장에서 이득인지를 각인시키는 과정을 의미한다. 한편 STP 분석을 통해서 기업은 누구에게 무엇으로 자사의 강점을 차별화시킬 것인가를 결정하고 찾아냈다면, 그 이후에는 실제로 소비자가 직접 기업의 가치를 경험하게 하고 또 이를 인정받을 수 있어야 한다. 4P 믹스가 대표적인 마케팅 수단으로 4P는 제품(produect), 가격(price), 유통(place), 촉진(promotin)으로 구분된다.

1) 제품전략(Product)

마케팅에서 제품(product)의 의미는 외형적으로 나타난 물건 자체보다는 고객이 원하는 욕구를 충족하지 못해 느끼는 불편함과 문제점을 찾아서 문제를 해결하는 것을 통칭하는 개념이다. 따라서 제품에는 단순히 눈에 보이는 상품만 의미하는 것이 아니며 눈에 보이지 않는 서비스 상품도 소비자의 문제를 해결해주고 기여한다면 제품으로 인식된다.

코틀러(Kotler)는 이와 같은 제품을 핵심제품, 유형제품, 확장제품 등 세 가지로 구성되는 다차원적인 개념으로 정의하고 있다. 핵심제품(core product)은 소비자가 얻게 되는 기본편익을 말한다. 유형제품(tangible product)은 품질, 스타일, 상표, 패키징 등 우리가 일반적으로 제품으로 인식하는 유형의 실제 제품을 의미한다. 확장제품(augmented product)은 유형제품에 부가적인 서비스와 혜택 등을 포함하는 것을 의미하는데 배달, 설치, 품질보증, A/S, 신용제공 등이 확장제품 개념에 포함되는 요소들이다.

2) 가격전략(Price)

가격은 소비자가 '특정 제품이나 서비스를 소유하거나 사용하는 대신 대가로 지불하는 화폐나 기타 대응물'로 정의된다. 가격과 유사한 용어로 가치(value)가 있는데 가치란 소비자가 인식한 총편익에 가격을 뺀 것으로 볼 수 있다. 따라서 기업이 제품의 가격을 인상하면 소비자의 총편익에 비해 가격이 높아지게 되어 소비자에게 그 제품이나 서비스의 가치는 낮아지고, 반대로 상대적으로 가격이 낮다면 가치는 올라간다.

가치 = 총편익 – 총비용(가격)

마케팅에서 가격전략은 가격설정, 가격조절, 가격변경 등으로 나누어 생각할 수 있다. 가격설정이란 제품이나 서비스의 최초 가격을 결정하는 것이고, 가격조절이란 단기적인 상황변화에 대한 대응으로 가격을 변화시키는 것을 말한다. 가격변경은 단기적인 조정인 아니라 가격수준 자체를 인상하거나 인하하는 것을 의미한다.

3) 유통전략(Place)

유통은 소비자에게 다음과 같은 효용 및 편익을 제공한다. 첫째, 시간 및 장소혜택을 준다. 유통은 고객이 제조업자들을 직접 찾아가서 구매하지 않고 편리한 시간에 편리한 장소에 구매할 수 있는 편익을 제공한다. 둘째, 단위의 편익을 제공한다. 유통상이 존재함으로써 고객은 원하는 단위의 양을 구매할 수 있다 셋째, 유통은 구색의 편익을 제공해준다. 비교구매라는 말이 있듯이 만약 유통상들이 존재하지 않으면 고객들은 각 제조업마다 찾아가서 비교해가면서 구매를 해야 한다.

유통은 이와 같이 최종 소비자들의 다양한 편익을 제공하고 있으며 소비자의 요구와 편익에 따라 여러 가지 형태의 소매점들이 계속 출현하고 있다. 업태별로 보면 전근대적인 재래시장에서부터 현대적인 소매업태인 백화점, 할인점, 편의점, 회원제 소매업 등 다양한 업태 등이 등장하고 있다. 또한 이러한 업태는 유형 점포에서도 이루어지고 있지만 방문판매, 자동판매기, 우편, 전화, 홈쇼핑, 인터넷 등을 이용한 다양한 무점포 소매상에 의해서도 이루어진다.

한편, 유통은 마케팅 수단 중 경쟁이 치열한 시장에서 경쟁력을 확보하는데 중요한 마케팅 수단이 된다. 특히 유통은 쉽게 변경하기 곤란한 장기적 성격을 띠고 있기 때문에 전략적 판단이 된다. 이런 유통전략에는 유통의 길이, 유통의 넓이와 유통의 수의 결정 등이 포함된다.

유통경로의 길이는 제품이 최종소비자에게 도달하기까지 몇 번의 중간상 즉 도매상, 소매상을 거쳐야 하는가를 말한다. 제조업자의 입장에서 볼 때 제조업자와 소비자 사이에 많은 중간상 이 개입될수록, 즉 경로의 길이가 길어질수록 제조업자의 통제력이 약해진다.

유통경로의 넓이와 수란 특정 지역의 유통경로 상에서 자사 제품을 취급하는 중간상의 수와 관련되는데 크게 세 가지 유형이 존재한다. 첫째, 가능한 많은 중간상이 자사 제품을 취급하도록 하는 집중적 유통(intensive distribution)이다. 둘째, 일정한 지역에서 한 중간상이 자사 제품을 독점적으로 취급하도록 하는 전속적 유통(exclusive distribution)이 있다. 셋째, 앞의 둘의 중간 형태로서 특정 지역 내에서 자사 제품을 취급하기를 원하는 중간상들 중 일정한 자격을 갖춘 소수의 중간상들에게 자사 제품을 취급하도록 하는 선택적 유통방식(selective distribution)이 존재한다.

4) 촉진전략(Promotion)

촉진전략은 잠재적 소비자에게 제품에 대한 정보 및 가치를 알려주고 인지도를 높여주며, 호의적인 태도를 가지도록 한 후 최종적으로 구매를 이끌어내는 마케팅 믹스 수단 중 하나이다. 특히 촉진활동을 마케팅 커뮤니케이션 과정으로 이해할 때, 그 과정은 다음과 같다. 즉, 송신자(기업)가 전달하고자 하는 메시지를 기호화하여 매체를 통해 전달하면 수신자(소비자)가 이를 해독하여 긍정적이거나 부정적인 반응을 나타내는 것이다. 이는 다시 피드백과정을 통하여 송신자에게 전달된다.

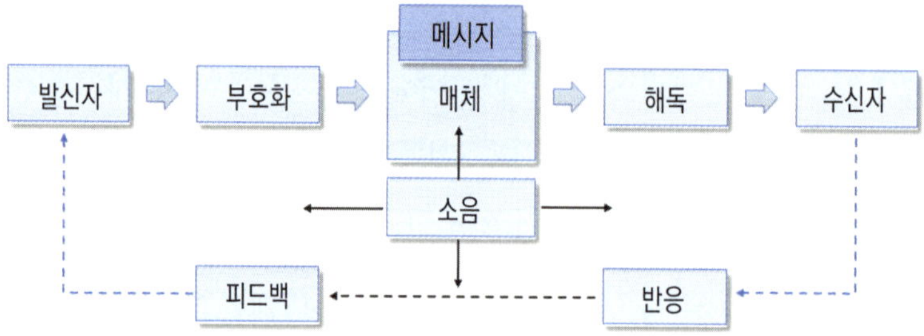

시사점 :
- 수신자가 누구인지, 어떤 반응을 원하는지를 명확히 하여야.
- 수신자가 해독하는 과정을 염두에 두어야.
- 수신자가 주로 접하는 매체를 통해야.
- 피드백을 파악할 수 있는 경로를 개발해 놓아야.

[그림 5-2] 커뮤니케이션 과정

한편, 촉진활동은 일반적으로 광고(advertising), 인적판매(personal selling), 홍보(publicity), 판매촉진(sales promotion) 등 네 가지 매체 형태를 통해 이루어진다. 이중 광고는 대가를 지불하고 제품, 서비스, 아이디어를 TV, 라디오, 신문, 잡지 등 비인적 매체를 통해 알리고 구매를 자극하는 활동을 말한다. 인적판매는 판매원이 고객을 직접 만나서 구두로 정보를 제공하는 촉진활동 형태이다. 홍보는 상업적으로 의미 있는 뉴스를 직접적인 대가 없이 게재하거나 방송하도록 하는 활동이다. 마지막으로 판매촉진이란 소비자와 유통업자의 수요를 자극하는 광고, 인적판매, 홍보 이외의 모든 촉진활동을 의미한다.

제2절 국제마케팅의 개념과 전략

1. 국제마케팅의 개념 및 유형

국제마케팅의 개념은 2개국 이상에서 이루어지는 기업의 마케팅활동으로 정의할 수 있다. 즉 국제마케팅은 국내와 상이한 정치, 경제, 사회, 문화 및 법률 환경 속에서 생활하는 해외 소비자를 대상으로 이루어지는 측면에서는 국내마케팅과 차이점을 갖는다. 그러나 국제마케팅에서도 국내마케팅과 마찬가지로 수요자 위주의 시장에서 소비자가 지불하는 대가보다 더 큰 편익을 제공하여 소비자 스스로 '값어치' 즉 가치를 크게 느끼는 제품이나 서비스를 제공하는 기업만이 시장에서 살아남을 수 있다는 점은 동일하다.

소비자의 가치 = 소비자의 총 편익 – 소비자의 총 비용

국제마케팅은 기업의 해외진입 방식에 따라 수출마케팅(export marketing), 현지 마케팅(multinational marketing), 글로벌 마케팅(global marketing)으로 구분된다. 수출마케팅은 국제마케팅 초기단계에 주로 선택되는 방식으로 기업이 직접 현지시장에서 현지소비자에게 마케팅하는 직접방식 대신에 현지 유통업체나 대리인을 통해서 현지소비자에게 마케팅하는 간접방식을 의미한다. 국내와 상이한 현지시장에서 새로운 소비자의 가치를 파악하고 이를 지속적으로 충족시키기 위해서는 현지시장과 소비자에 관한 경험과 투자가 선행되어야 한다. 따라서 현지시장에 관한 경험과 지식이 부족한 기업들은 현지시장에 바로 진입하기 보다는 현지시장과 소비자에 관한 경험과 역량을 갖고 있는 현지 유통업체나 대리인을 물색하여 그들의 통해 현지소비자의 가치를 파악하고 실현하는 방식을 선택하게 되는데 이 방식이 수출마케팅 방식이다.

현지 마케팅은 수출마케팅방식과 달리 현지법인을 설립하여 현지에서 생산과 마케팅 등을 직접 운영하는 방식이다. 수출마케팅방식에서는 대부분 국내에서 소비되고 있는 동일한 제품을 수출국에서도 판매하여 매출액을 증대시켜 나가는 방식인 반면에 현지마케팅은 현지소비자가 기존의 제품에서 느끼는 불만 요인을 직접 발로 뛰면서 찾아낼 뿐만 아니라 현지에서 현지소비자의 요구에 맞추어 제품을 새롭게 생산 개발하여 판매하는 방식이다.

글로벌 마케팅은 소비자의 가치를 진출한 특정한 현지국 소비자에게서 찾기 보다는 전 세계 어디에서나 누구에게나 선호되는 보편적인 가치에 초점을 맞춘 마케팅을 의미한다. 우리가 사는 지구는 다양한 인종과 종교 그리고 문화가 존재하고 자신이 속해 있는 지역이나 국가에 따라 서로 다른 규칙과 규범을 갖고 생활한다. 그러나 비록 겉모습은 상이하고 그들이 믿고 의지하는 규칙이나 규범은 모두 상이하지만 우리는 인간으로서 희로애락을 똑 같이 느낀다. 이처럼 가치에는 국가와 시장별로 개별적이고 독특한 가치도 존재하지만 시간과 공간을 초월해서 누구나 추구하는 보편적인 가치가 공존하고 있다. 현지 마케팅이 진출국별 소비자의 개별적이고 독특한 가치에 초점을 맞춘 마케팅방식이라면 글로벌 마케팅은 전 세계적으로 공유되는 보편적인 가치에 초점을 맞춘 마케팅방식이라고 할 수 있다.

2. 국제마케팅 전략

1) 국제마케팅 전략 유형: 현지적응 대 글로벌 표준화

국제마케팅 전략에는 국제마케팅 믹스를 어느 정도 표준화(standardization)와 현지적응(adaptation)을 시켜야 할지를 결정하는 것이 중요 과제이다. 마케팅은 기본적으로 소비자의 가치를 찾아내고 실현하는 과정과 활동을 의미한다고 볼 때, 진출국 소비자의 가치를 증대시키기 위해서 현지 소비자의 눈높이에 맞춰 마케팅믹스 전략을 펼치는 현지적응 마케팅전략은 기업 입장에서는 선택이 아니라 필수적인 국제마케팅 전략이라고 할 수 있다. 국제마케팅에서는 진출 국가별로 경제수준, 법률시스템, 사회구조, 언어, 종교, 교육제도 등 경제, 법률, 사회문화요소 측면에서 차이점이 존재한다. 이에 따라 소비자들이 갖고 있는 가치관, 태도 및 소비패턴이 다르게 나타난다. 따라서 이에 대응하는 방법도 진출국 시장별로 차별화된 마케팅전략을 추구하는데 이것이 바로 현지적응 마케팅전략이다.

글로벌 마케팅 전략이란 소비자의 가치를 증대시킨다는 점에서는 현지적응 마케팅전략과 동일하지만 소비자의 가치 중에서 특수성보다는 보편성에 초점을 맞춘 마케팅전략이다. 즉 해외소비자의 가치 중에서 국가별로 시장별로 유사성에 초점을 맞추어 글로벌 표준화 전략을 실행하는 전략이다. 예를 들어 맥도날드, 코카콜라 등이 포함된 패스트푸드 산업, 나이키와 같은 스포츠용품 산업, 벤츠나 BMW 자동차 산업, 힐튼 등과 같은 호텔 서비스 산업, 삼성 갤럭시와 애플의 아이폰 같은 휴대폰 및 전자제품 산업, 유니클로와 자라와 같은 SPA 패션 산업 등에서 주로 사용하는 마케팅전략이다.

이와같이 서로 상반된 마케팅전략을 실제 기업현장에서는 현지적응과 표준화 마케팅 전략중 하나를 선택하기 보다는 두 방식을 적절히 통합하여 사용하는 것이 일반적이다. 대표적인 회사로 네슬레의 네스카페와 코카콜라의 코크 사례를 들 수 있다. 예를 들어, 제품 및 광고 부분의 경우 두 회사 모두 글로벌 표준화 전략에 가깝다. 반면에 가격, 유통, 판촉 부분에서는 두 회사 모두 글로벌표준화보다는 현지적응에 비중을 두고 있음을 알 수 있다. 즉 제품 및 광고 측면에서는 국가별 차이가 크지 않는 반면에 가격과 유통 부문에서 국가별 차별성이 존재하기 때문에 글로벌 표준화보다는 현지적응이 보다 중요하게 다루고 있다.

▶▶ 표 5-1. 현지화와 표준화

		표준화	
		낮음	높음
현지화	낮음	부분 현지화/부분 표준화	전반적 표준화
	높음	전반적 현지적응화	동시달성

2) 국제마케팅 믹스 전략과 적용

(1) 국제제품전략

제품의 글로벌 표준화 전략은 전 세계 고객의 공통적 욕구에 초점을 맞추어 전 세계적으로 동일한 제품을 판매하는 전략이다. 전략의 주된 목표는 원가를 최소화하는 것이다. 반면에 제품의 현지적응전략은 국가별 고객 요구의 차이점에 초점을 맞추어 현지시장 조건에 적합하게 제작한 제품을 판매하는 전략이다. 글로벌 제품 브랜드에 있어서도 제품브랜드를 세계적으로 단일화된 글로벌 브랜드와 국가별로 다른 로컬 브랜드로 나뉘어진다. 코카콜라의 경우에도 코크(Coke), 환타(Fanta), 스프라이트(Sprite)와 같은 글로벌 브랜드와 함께 한국에서는 암바사, 소켄비차, 순수 등 한국시장 만의 브랜드를 갖고 있다.

(2) 국제가격전략

국내마케팅과 달리 국제마케팅에서는 가격결정 과정에서 국내시장에서 판매하는 가격 그대로 해외에서 팔 것인가, 아니면 진출한 해외시장별 특성에 맞추어 국내와는 다른 가격을 설정할 것인가?를 결정해야 한다. 지금까지 대부분의 기업들은 대개 후자의 입장을 선택하였다. 동일제품이라 할지라도 국가별로 소비자들이 인식하는 효용 가치가 국가별로 다르다는 것이 그 이유이다. 국가에 따라서는 높은 가격을 지불해서라도 동일 제품을 구입하려는 수요가 큰 경우에는 국가별로 서로 다른 가격을 설정하는 것이 최적 가격전략이 된다.

그러나 동일한 제품이 국가 간에 서로 다른 가격차이가 발생하면 가격이 낮은 국가시장에서 가격이 높은 국가시장으로 제품이 수입되어 팔리게 되는 회색시장(gray market)이 등장하게 된다. 이 과정에서 동일한 제품을 비싸게 구입한 소비자는 불만을 갖게 될 뿐만 아니라 제품에 대한 신뢰도에도 부정적인 영향을 받게 된다. 결국 국제 마케팅에서 가격설정은 국가별 가격 현지적응의 필요성과 동일가격 요구 압력간의 균형점을 요구받게 된다. 사이몬과 쿠처는 국가별 가격을 일정한 범위 내에 제한하는 '국제 가격 범위(international price corridor)'를 해결책으로 제시한 바 있다. 즉 동일 제품의 국가 간

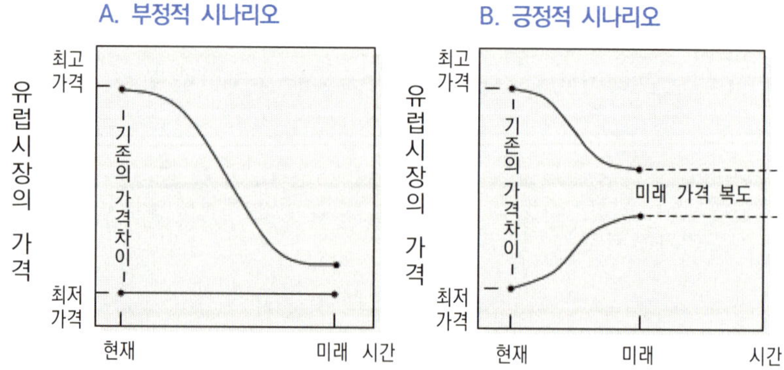

[그림 5-3] 국제가격범위 설정

가격차이 최대 허용폭을 3% 이내로 제한하여 실행한다면 회색시장의 차익거래 가능성을 배제시킬 수 있다는 것이다.

(3) 국제유통전략

유통은 제품이나 서비스를 최종 고객 또는 구매자에게 어떠한 방법으로 도달하도록 할 것인가를 결정하는 문제로 진출국 시장에 맞는 유통의 길이와 유통 수단을 선택하여 한다. 기업입장에서 유통 길이와 유통 수단을 선택할 때 가장 먼저 고려할 대상은 소비자의 가치와 선호도를 파악하는 일이다. 특히 시간 효용을 중요시하는 미국시장 소비자들은 맥도널드와 같은 패스트푸드 음식점을 선호한다. 또한 한국의 소비자들은 중국 음식에 대해 당연히 신속한 배달을 요구하지만 북미나 유럽의 소비자들은 직접 식당에 가서 먹기를 원한다. 그러나 피자의 경우에는 그 반대라고 볼 수 있다. 또한 프랑스나 이탈리아의 많은 소비자들은 대형 슈퍼마켓을 좋아하지 않으며, 그 대신 특정 제품군, 예컨대 빵, 과일, 치즈, 와인 등을 별도로 전문적으로 판매하는 소형점포를 더 선호한다.[2)]

(4) 국제촉진전략

해외시장에서 국제촉진전략 특히 국제광고는 국가별로 상이한 시장환경을 반영하여 현지적응화된 광고전략을 사용하는 것이 원칙이다. 그러나 현지시장 상황에 적합하지 않은 광고로 인해 실패한 사례는 광고영역에서 특히 많다. 미국 정유회사인 엑슨사가 "Put a Tiger

---

2) 이철, 국제마케팅, 2016.

into your Tank(당신차의 기름탱크에 호랑이를 집어 넣으시오)" 라는 문구와 함께 열량이 높다는 메시지를 표현하기 위하여 호랑이를 태국에서 광고 캐릭터로 활용하였다. 그러나 기대와 달리 호랑이를 존엄하고 신성시 하는 불교국가인 태국의 소비자의 거센 항의를 받고 광고 게재를 스스로 철수할 수 밖에 없었다. 비슷한 사례는 나이키사의 광고에서도 찾을 수 있다. [그림 5-4] 사진처럼 나이키사는 불꽃 문양을 운동신발에 디자인하여 중동국가 광고에 사용하였는데, 불꽃 모양이 "알라"의 글자모양과 유사하다고 느낀 중동국가 소비자들은 자신의 종교의 상징을 더러운 신발에 새겨 놓은 나이키사에 대한 강한 거부감을 느껴 불매운동을 불러일으키기도 하였다. 이처럼 국제마케팅에서 광고는 문화의 다양성 때문에 전 세계적으로 통하는 하나의 공통된 광고전략을 실행한다는 것은 매우 어려운 것이다.

[그림 5-4] 나이키 중동광고 실패 사례

제 6 장
글로벌 무역관리

제 6 장

글로벌 무역관리

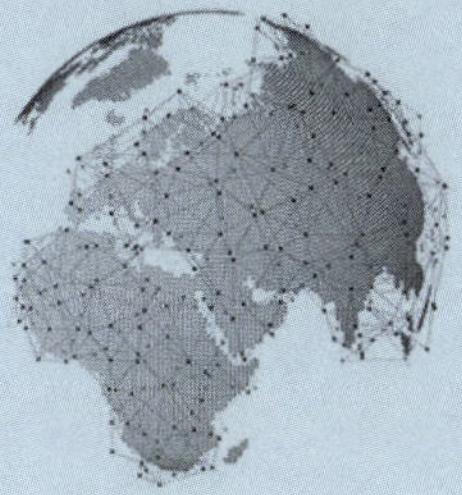

제1절 수출입의 개념

1. 무역의 개념

무역(trade)은 국제적 가치를 지닌 모든 재화를 국가 간에 교환하거나 매매하여 그 효과를 증대시키는 국제적 상행위를 말한다. 무역(貿易)이란 용어는 '바꾸다'는 의미로 교환이나 매매를 뜻한다. 또한 영어로 표시되는 trade라는 말은 '걷다', '밟다'는 의미의 tread와 '발자취' 또는 '항로'의 의미인 trace에서 유래되었다. 이러한 단어는 어떤 길이나 항로를 따라서 물품을 교환한다는 의미를 가지고 있다. 무역은 ① 자동차, 휴대폰 등 전통적인 유형재의 수출입, ② 음악, 영화, 소프트웨어와 같은 무형재의 유형재 제품화의 수출입 및 ③ 디지털 제품(digital goods) 그 자체로써 네트워크를 통한 수출입 모두를 포함한다.

무역의 개념은 국경을 중심으로 국내거래와 국제거래로 구분하던 것에서 국내외시장을 구분하지 않는 하나의 시장으로서의 세계무역으로 한 단계 발전하게 되었다. 최근에는 정보통신기술의 발달로 전자상거래(electronic commerce : EC)방식에 의한 디지털 무역(digital trade)이 활성화되고 있다.

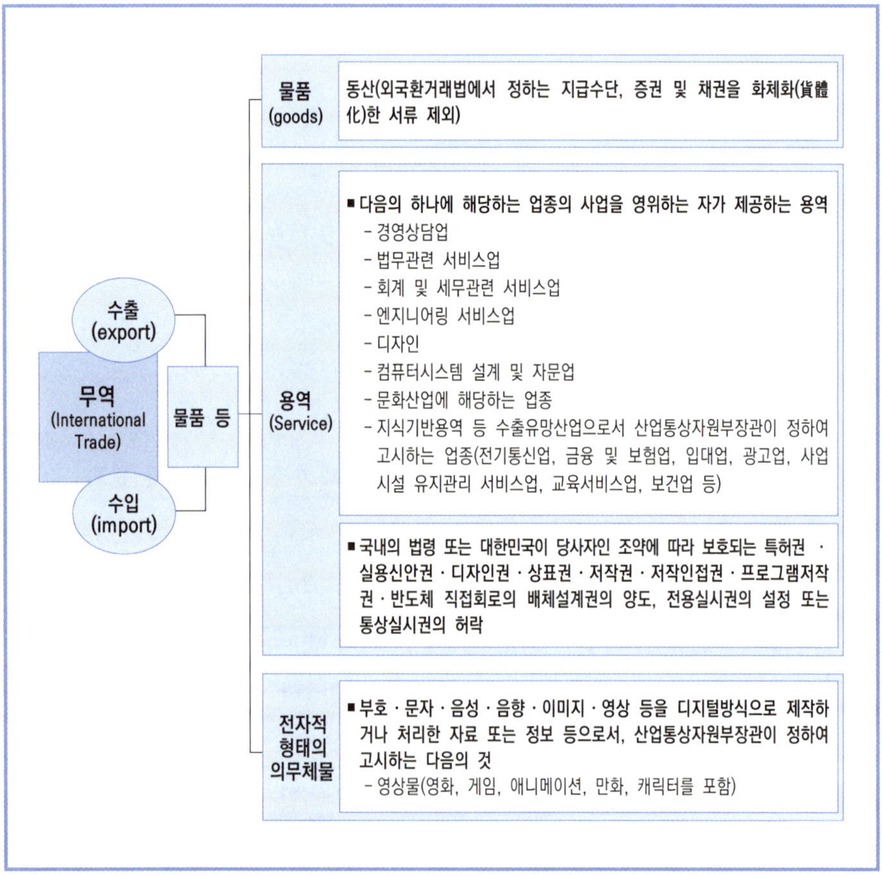

[그림 6-1] 대외무역법 상 무역의 대상

무역은 경제적 국경선인 관세선(customs line)을 기준으로 하여 수출(export)과 수입(import)으로 나누며, 무역거래의 주체는 상대방이 내국인이든 또는 외국인이든 그리고 본 · 지점간이든 크게 문제가 되지 않는다.

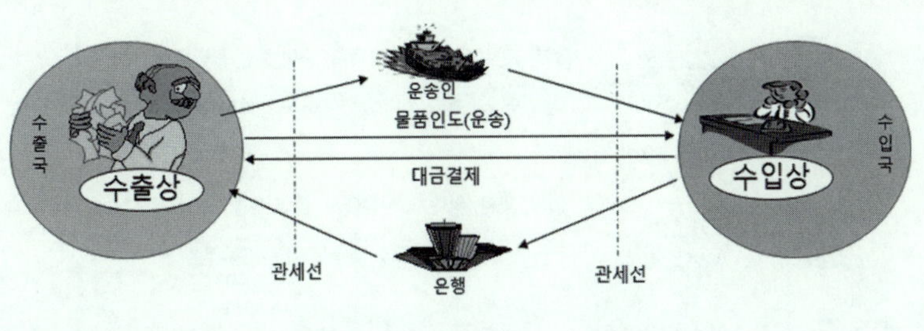

[그림 6-2] 수출입의 개요

2. 수출입의 개념

수출(Export)은 특정 국가가 다른 국가에 상품 등을 판매하는 경제 활동이다. 대외무역법에서 수출은 외화를 받고 외국인에게 국내에서 물품을 매각하는 행위까지 수출에 포함하고 있다. 수출은 외국과의 상거래로 크게 물품의 이동 및 대금의 결제행위로 구성되어 있다. 관세법상 수출의 개념과 무역거래법상 수출의 개념은 약간 다르다. 관세법에서 수출은 두 가지 조건이 있다. 하나는 내국물품(內國物品)이어야 하며 두 번째는 세관의 수출통관 절차를 거쳐 외국으로 반출하는 것이어야 한다.

수입(Import)은 특정 국가가 다른 국가에 상품 등을 구매하는 경제 활동이다. 대외무역법에서는 수입은 유상으로 매매, 교환, 임대차, 사용대차, 증여 등을 원인으로 외국으로부터 국내로 물동이 이동하는 행위이다. 관세법 상 수입은 대외무역법과 달리 외국물품을 우리나라에 반입(보세구역에 장치)하거나 우리나라에서 소비 또는 사용하는 것(우리나라 운송수단 안에서의 소비 또는 사용을 포함)을 말한다.

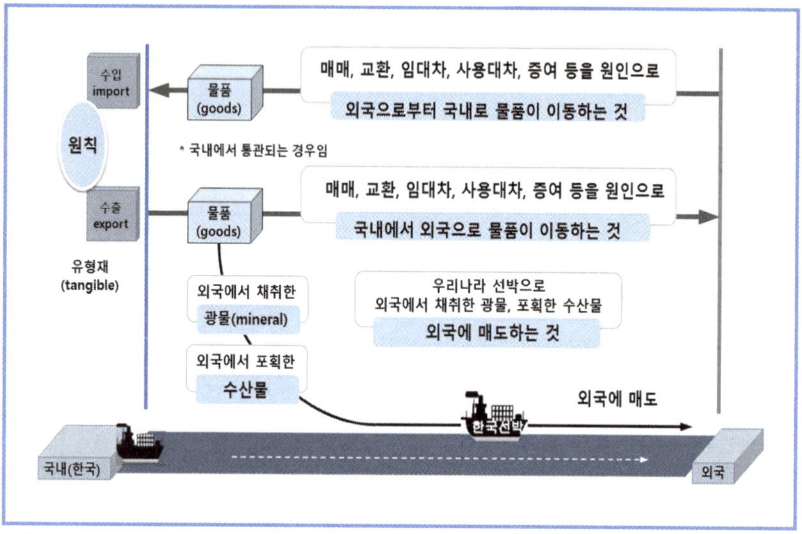

[그림 6-3] 대외무역법상의 유형재(물품)의 수출 및 수입의 정의

무역관련 주요 당사자와 역할은 〈표 6-1〉과 같다.

▶▶ 표 6-1. 주요 무역 관련 당사자와 역할

당사자	역 할
수출상(Seller)	물건을 판매하는 당사자 - 단순무역유통 / 제조사
수입상(Buyer)	물건을 구입하는 당사자 - 단순무역유통 / 제조사
무역 대리점(Offer상)	수출 및 수입 중개 역할(중개수수료가 주 수입원)
포워더(Forwarder)	운송업무 대행(운송 중개회사 - 여행사와 비슷)
선사/항공사/특송회사	선박운송 / 항공운송 / DHL, UPS, FEDEX , SF 사용이유
배송대행지(대지)	온라인 구매 물품 수령, 보관, 검수, 포장, 배송 등 대행
관세사(Customs Broker)	통관업무 대행, 수출입관련 법규상담, FTA관세 상담 등
세관(Customs)	수출입화물 신고와 수리 / 관세의 부과징수 / 요건확인 / 물품검사 / 원산지 확인
은행/보험회사/인증대행사	대금결제 / 화물 손해 보험 / 인증관련 업무 대행

3. 무역의 특성

무역은 기본적으로 국경이 달라 지리적으로 서로 만나지 못하는 상태에서 거래를 하는 '격지지 간 거래'로서 몇 가지 특성을 가지고 있다.

첫째, 무역은 '비대면 거래'이다. 무역은 '멀리 떨어진 나라의 거래 상대방과 얼굴을 보지 않고 하는 거래'이다.

둘째, 무역은 서류에 의한 거래이다. 수출상이 물품의 제조 또는 조달하여 수입상에게 이를 인도하는 과정에서 물품의 이동은 운송업자가, 대금의 이동은 은행이 맡게 된다. 이 때 운송인이 물품을 인도받았다는 증빙서류(선화증권 등 운송서류)를 수출상이 은행을 통해 수입상에게 전달하면 수입상이 서류와 교환으로 물품대금을 지급하는 형식으로 거래가 이루어져 무역은 '서류에 의한 거래'라는 특성을 갖게 되는 것이다.

셋째, 무역은 국제거래로서 거래 당사자간 언어, 관습, 관련 법규 등이 서로 달라 국제적인 통일조약이나 통일규칙에 적용을 받게 된다. 대표적인 국제조약으로는 '국제물품매매계약에 관한 유엔협약'(일명 비엔나협약)과 '외국중재판정의 승인과 집행에 관한 유엔협약'(일명 뉴욕협약)이 있으며, 국제통일규칙으로는 '신용장통일규칙'과 '인코텀즈'가 있다.

넷째, 무역은 주로 기업 간의 거래로서 이익을 목표로 하고 있다. 당사자 간의 계약에 따라 운송수단에 의하여 물품을 국가 간에 이동시키고 그에 따른 부가가치 증대를 이익으로 향유하는 국제상거래인 것이다.

다섯째, 무역은 격지자간의 거래라는 특성으로 위험이 상대적으로 큰 거래이다. 무역은 거래 과정에서 상품이 분실 또는 손상될 위험,

사고팔 때의 시차로 인한 가격변동에 따른 위험과 같은 상업적 위험 외에 거래상대방 국가가 전쟁이나 기타 특수한 상황에 처할 위험과 같은 국가적 위험이 상존하고 있다. 따라서 이 같은 위험을 담보할 각종 장치가 필요하다.

제2절 무역관리제도

1. 무역관리제도의 의의

오늘날 모든 국가는 자유무역을 지향하면서도 자국의 국제수지균형을 달성하기 위하여 자국의 수출입거래에 어느 정도 제한을 가하고 있다. 무역관리제도는 국제수지의 균형과 통상의 확대 등 일련의 정책적인 필요에 의하여 정부 또는 국가가 각종 법규 및 제도적 장치를 마련하여 수출입 거래를 규제하거나 지원하는 것을 말한다. 무역관리는 무역정책의 한 부분으로서 무역에 관한 제 법규에 의해서 경제 주체의 무역거래에 대한 권리를 제한하는 소극적 간섭이라고 할 수 있다. 우리나라는 2000년 1월 무역업에 대한 신고제도가 폐지됨으로써 무역업이 완전 자유화되었다.

무역관리제도의 목적은 다음과 같다.

① 수출 촉진 및 수입 조정을 통한 국제수지의 개선으로 적정한 외화보유고 유지 · 관리

② 국내 유치산업 보호와 성숙산업의 국제경쟁력 강화

③ 국내물자수급 원활화 및 소비형태 건전화

④ 수출 진흥을 통한 국내 관련 산업 성장촉진

⑤ 각종 국제기구(IMF, IBRD, WTO 등)와 공동보조로 국제무역질서와 흐름에 동참

⑥ 국민의 보건위생, 공공의 안녕질서 및 미풍양속의 보전

2. 무역관리 기본 관련법

물품의 국제간 이동을 규율하기 위한 무역관리를 위한 3대 기본법은 대외무역법, 관세법, 외국환거래법이 있다. 물품의 국제 거래가 발생하면 물품의 이동과 더불어 그 물품의 대가인 금전도 이동하게 된다. 대외무역법은 거래 주체 및 물품 이동 및 대금결제 등 수출입을 총괄하는 기본법이고, 관세법은 물품 이동과 관련하여 관리하는 법이 관세법이며, 외국환거래법은 금전 이동과 관련된 법이다.

구분		내용
무역관리		국가가 제도·기구 또는 법규에 의하여 무역거래에 대한 간섭·통제 또는 규제를 가하는 것
무역 관계법	대외 무역법	물품 등의 이동과 대금결제를 총괄하는 수출입기본질서의 관리 • 품목관리 : 수출입공고, 통합공고 • 수출입승인 : 승인제도(E/L, I/L), 요건확인 • 특수거래형태 : 인정제도(중계무역, 무환수출) • 원산지제도 : 원산지판정, 원산지표시, 원산지 확인
	관세법	물품의 이동의 관리 • 통관 : 수출통관, 수입통관, 반송통관 • 관세의 부고 및 징수, 보세제도 • 관세환급 : 환급 등에 관한 특례법
	외국환 거래법	수출입대금의 결제방법 등의 관리 • 거주자와 비거주자의 외국환의 지급(Im), 영수(Ex) • 외국환은행의 확인, 신고사항 • 한국은행총재 또는 기획재정부장관 허가사항
기타 무역관계 법규		수출보험법, 자유무역지역의 지정 및 운영 등에 관한 법률, 외국인투자촉진법, 중재법, 전자무역촉진에 관한 법률, 불공정무역행위조사 및 산업피해구제에 관한 법률, 무역거래기반조성에 관한 법률……
무역관련 개별법		약사법, 마약류관리에 관한 법률, 화장품법, 식품위생법, 검역법, 기타 특정물품의 수출입절차 또는 요령을 정한 법률 및 국제협약 등등

[그림 6-4] 무역관리제도 기본체계

1) 대외무역법

대외무역법은 국내외 무역환경의 변화로 기존의 무역관리제도와 무역법 체제의 정비가 불가피해짐에 따라 1986년 12월 31일 새로이 제정된 무역관리 기본법으로서, 대외무역을 진흥하고 공정한 거래질서를 확립하여 국제수지의 균형과 통상의 확대를 도모함으로써 국민

경제의 발전에 이바지함을 목적으로 하고 있다(대외무역법 제1조). 대외무역법은 무역 주체에 대한 관리, 수출입공고, 통합공고, 전략물자 수출입공고 등의 대상에 대한 관리, 수출입승인제도 산업피해조사, 무역분쟁의 해결 등의 행위에 대한 관리, 수출입질서유지, 벌칙 등의 행정관리로 구성되어 있다

대외무역법에 근거한 수출입물품 관리체계는 '수출입공고' 및 각종 개별법에 의한 제한내용을 취합해서 공고하는 '통합공고'로 이루어진다. 이들 공고들에는 수출입의 승인에 필요한 내용들을 구체적으로 명기하고 있어 이들 요건들이 충족되어야 수출입승인이 이루어질 수 있다.

(1) 수출입공고

수출입공고란 산업통상자원부장관이 어떠한 품목을 수출입할 수 있는가를 국민에게 공고하는 것을 말한다. 즉 물품의 수출 · 수입에 관하여 산업통상자원부장관이 일정한 사항을 공고하는 제도로서 개별품목에 관한 관리내용을 담고 있는 품목리스트이다. 따라서 수출입공고는 특정품목에 대한 수출입을 직접 제한 또는 금지하는 입장을 취하기 때문에 가장 강력한 직접규제방식이면서 무역자유화 원칙의 예외이다.

(2) 통합공고

수출입의 요건, 절차에 관한 사항이 여러 법률에 산재하여 무역업자가 이를 파악하기 어려우므로, 이를 하나의 공고에 통합함으로써 무역업무를 간소화하고자 한 제도이다. 즉, '약사법, 화장품법, 가축전염예방법, 전기통신기본법, 의료기기법 등 여러 법에서 해당 물품

의 수출입 요건 및 절차 등을 정하고 있는 경우에 수출입 요건 확인 및 통관 업무의 간소화와 무역질서 유지를 위해 다른 법령이 정한 물품의 수출입 요건 및 절차에 관한 사항을 조정하고 이를 통합 규정한 산업통상자원부장관의 고시'를 말한다.

(3) 전략물자 · 기술 수출입 통합공고

전략물자란 전략상 필요한 물자 또는 전쟁수행 시 필요한 모든 물자를 가리킨다. 즉 무기, 탄약 등을 비롯하여 철, 석탄, 금속, 석유, 각종 섬유 등 광범위한 품목들이 포함된다. 각국은 핵, 생화학, 미사일, 재래식 무기 등이 테러국가에 확산되지 않도록 하기 위하여 대량파괴무기의 개발, 제조 등에 관련된 물품 및 기술, 소프트웨어의 이전(移轉)을 통제하고 있다.

(4) 품목분류

① **품목분류** : 품목분류(nomenclature, classification)란, 전 세계에서 거래되는 각종 물품을 세계관세기구(WCO)가 정한 국제통일상품분류체계(HS)에 의거 하나의 품목번호(Heading)에 분류하는 것으로서 국제통상상품분류체계에 관한 국제협약(HS 협약)에 의해 체약국은 HS 체계에서 정한 원칙에 따라 품목분류 업무를 수행하게 된다.

② **HS제도** : HS협약의 정식명칭은 “International Convention on the Harmonized Commodity Description and Coding System(통일상품명 및 부호체계에 관한 국제협약)”으로서, 약칭하여

"HS Convention(HS협약)"이라 한다. HS협약은 CCC(Customs Cooperation Council : 관세협력이사회)의 주관 하에 국제무역의 촉진을 목적으로 1983.6.14.에 WCO(World Customs Organization : 세계관세기구) 본부에서 개편하여 1988.1.1.에 정식 발효되었다. HS의 목적은 무역서류의 표준화로 자료전달 촉진, 관세, 무역통계, 운송, 보험 등과 같은 다양한 목적에 사용될 수 있도록 만든 다목적 품목분류제도로서, 품목분류 체계를 통일하여 국제무역을 원활히 하고 관세율 적용의 일관성을 유지하기 위한 것이다.

[그림 6-5] HS 목적

③ **HS 품목분류 국제 공통기준** : 총 21부, 96류, 4단위 1,224개, 6단위 5,205개로 구성되어 있으며 한 품목당 6단위 숫자의 코드형태로 구성되어 있고 각 국가별로는 8~10단위 숫자체계로 운용하고 있다.(우리나라 10단위 HSK 코드 사용)

HS 품목분류표는 협약의 부속서에 규정된 Heading(호), Sub-Heading(소호)의 내용 및 부(部), 류(類), 소호(小號)와 HS해석에 관한 통칙 등으로 구성되어 있다.

HS 기본구조는 먼저 품목분류표 전체의 분류원칙을 정한 통칙(GRI)이 있고 분류체계는 부 - 류 - (절) - 호 - 소호의 수직적 분류형식을 취하고 있으며, 통칙과 함께 품목분류의 지점이 되는 것이 '주(註)'인데 이는 부 · 류 · 소호에 게기되어 있다.

- **부(Section)** : 전체를 21개로 나눈 것
- **류(Chapter)** : HS코드 첫 두 자리
- **호(Heading)** : 앞의 두자리 류를 포함 4단위
- **소호(Sub-heading)** : 호를 6단위로 세분

· 6단위까지 전세계 공통으로 사용
· 7단위부터 협약국 임의로 정하여 사용.
· 우리나라는 현재 10단위인 HSK 사용중

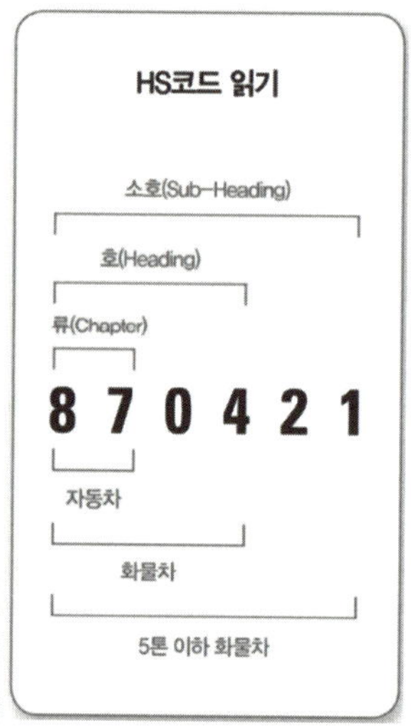

[그림 6-6] HS 목분류 예시-5톤 이하 화물차

(5) 원산지 제도

원산지(Country of Origin)란 물품이 생산된(동식물이 성장한) 나라 또는 물품의 국적을 의미하며, 원산지 규정(Rules of Origin)은 물품

의 국적, 즉 원산지 국가를 결정하기 위한 법령이나 행정규칙을 말한다.

원산지 표시제도는 수출입되는 물품에 원산지를 표시하는 제도로서 소비자 보호를 위한 라벨링 제도 중에서 가장 강력한 수단이다. 이러한 원산지 표시제도는 WTO 협정(GATT 제9조)에 근거한 무역정책 수단이며 우리나라는 「대외무역법」에 반영하여 운영하고 있다. 현행 대외무역법은 수입물품에 대한 원산지 표시의무를 부과하고, 수출입물품 및 국내생산물품 등의 원산지 판정기준 및 표시방법을 규정하고 있다.

대외무역법 시행령 제61조에서는 수출입물품의 원산지 판정기준으로 완전생산물품기준 · 실질적 변형기준 · 단순한 가공활동 기준 등을 정하고 있으며, 구체적인 사항은 관계 중앙행정기관의 장과 협의하여 고시하도록 규정하고 있다.

① **완전생산기준** : 수입 물품의 전부가 하나의 국가에서 채취되거나 생산된 물품인 경우에는 그 국가를 그 물품의 원산지로 정하는 기준

② **실질적 변형 기준** : 수입 물품의 생산 · 제조 · 가공 과정에 둘 이상의 국가가 관련된 경우에는 최종적으로 실질적 변형을 가하여 그 물품에 본질적 특성을 부여하는 활동을 한 국가를 그 물품의 원산지로 정하는 기준

2) 관세법

관세법은 물품의 국제 이동에 따른 관세만을 다루는 법이 아니라, 물품의 국제 이동에 관한 절차를 다루는 법이기도 하다. 이러한 특수

성으로 인하여 법 위반 시 형벌이 다른 형법보다 중하다. 관세법의 목적은 관세의 부과 · 징수 및 수출입물품의 통관을 적정하게 하고 관세수입을 확보함으로써 국민경제의 발전에 이바지함을 목적으로 하고 있다(관세법 제1조). 관세법은 1967년 12월 29일 법률 제1976호로 제정 · 공표되었으며, 관세행정의 기본법으로서 관세도 국세의 하나이지만 국세에 관한 국세기본법이나 국세징수법은 관세행정에 관하여는 특별히 준용하는 경우를 제외하고는 적용되지 않는다. 무역관리와 관련된 관세법의 주요 내용은 다음과 같다.

(1) 통관절차

통관(customs clearance)이란 물품을 외국으로 수출하거나, 외국에서 수입하려면 거쳐야 하는 세관절차를 말하며, 이것은 다시 수출통관과 수입통관으로 구분된다.

(2) 과세절차

과세절차는 관세를 부과하는 절차를 말한다. 관세(customs duties, tariffs)란 관세영역(관세선 : customs line)을 출입하는 물품에 대하여 국가가 법률이나 조약에 의거하여 부과하는 조세이다. 통상 관세는 종가세(ad valorem duties)로서 해당물품의 과세가격에 관세환율을 곱하고(이를 감정가격이라 한다), 이 감정가격에 관세율을 곱해 결정된다.

(3) 관세환급제도

관세환급(Draw Back)이란 세관에서 일단 징수한 관세(부가세, 특별

소비세, 주세 등 제세 포함)를 특정 요건에 해당하는 경우에 그 전부 또는 일부를 납부자에게 되돌려 주는 것을 말한다.

3) 외국환거래법

외국환 거래법은 무역 시 대금 이전에 관한 규제를 다루고 있다. 외국환 거래법은 원인행위, 지급행위, 회수 행위 단계별로 규제가 별도로 규정되어 있다. 또한 대부분의 규제가 법의 위임을 받은 시행 규칙으로 운영되고 있다. 외국환거래법의 목적은 외국환거래 기타 대외거래의 자유를 보장하고 시장기능을 활성화하여 대외거래의 원활화 및 국제수지의 균형과 통화가치의 안정을 도모함으로써 국민경제의 건전한 발전에 이바지함을 목적으로 하고 있다(외국환거래법 제1조).

외국환거래법의 내용을 보면 외국환 거래 주체로서 거주자와 비거주자의 구분외에 환율 및 지정통화, 외국환은행, 외국환수급계획, 외국환의 집중, 결제방법의 제한, 무역외거래 및 자본거래에 대한 제한 등에 관하여 규정하고 있다.

4) 기타 법규

(1) 전자문서 및 전자거래기본법

전자거래기본법은 전자무역과 관련된 제반문제를 다루는 무역관련 법규로서, 전자문서에 의한 거래의 법적효력을 규정함으로써 전자거래를 촉진하고 거래의 안전성, 신뢰성, 공정성을 확보하기 위하여 제정되었다.

(2) 기타 무역법규

기타 무역법규에는 무역보험법, 중재법, 수출용 원재료에 대한 관세 등 환급에 관한 특례법, 자유무역지역의 지정 및 운영에 관한 법률, 불공정무역행위조사 및 산업피해구제에 관한 법률 등의 다양한 무역 관계법규가 있다.

5) 무역관련 기관

우리나라에는 대외무역법에 의거하여 등록 및 승인권한을 각 무역 기관장에게 위임하고 있기 때문에 다양한 무역 관계기관이 있다.

① **무역업 및 무역대리점 신고기관** : 한국무역협회
② **수출입 추천기관** : 주무관서장 또는 관련 조합
③ **수출입관계 금융기관** : 갑종 외국환 은행
④ **무역운송 및 보험관계기관** : 해상보험회사, 선박회사, 운송주선인(Freight forwarder), 항공회사, 항공화물대리점 등
⑤ **기타 무역관계기관** : 통관업자(관세), 수출품검사소, 공업연구소
⑥ **무역거래 알선 및 조사기관** : 상공회의소(원산지증명서 발행), 공업연구소(수출검사증 취급), 대한무역진흥공사 및 한국무역협회(수출입관계조사, 무역거래알선, 무역상담)

제3절 수출입절차

1. 수출절차

1) 해외시장조사 및 거래처 발굴

수출은 수출상이 자신의 물건을 구입해 줄 시장을 상대로 마케팅을 하여 수입상을 발굴하는 과정으로 시작된다. 수출에 있어 가장 중요한 절차 중 하나가 수입상 발굴(마케팅)이다. 수입상은 수출하고자 하는 상품을 사는 해외 고객이다. 이 단계에서 중요한 것은 이 단계에서 수입상이 믿을만한 거래처인지를 확인하는 과정(수입상 신용도 조사 등)이 필요하다.

2) 매매계약체결

수출상은 수입상을 발굴하면 구체적인 거래조건인 수출상품의 품질 및 가격, 수량, 납기 등 기본상품조건은 물론 결제통화, 운송수단, 결제방법 등을 제시하여 서로의 요구사항들을 확인한 후 합의에 도달하면 계약이 체결된다. 이와 같은 협상과정을 무역에서는 청약, 반대청약 및 승낙이라고 한다. 계약체결에서 중요한 것은 최종 합의한 내용을 문서로 만드는 일이다. 수출 계약 전 품질, 수량, 선적 조건 및 가격 조건(ex. USD 10/kg.FOB Busan), 결제조건(T/T) 등을 합의하고 Proforma invoice(가송장)를 작성하여 수입상에게 보낸다. 수입상으로 하여금 세부내역을 확인케하고 명판을 찍거나 서명을 하게하여 돌려받는 형식으로 간단하게 계약서가 작성되기도 한다. 하지만 계약서에는 개별조항과 일반조항에 최종 합의 한 모든 내용이 명확하게 포함되고 기록되어야 하며 이를 확인한 양 당사자의 서명이 반드시 있어야 한다.

3) 신용장 수령(결제조건이 신용장인 경우)

신용장(L/C : Letter of Credit)은 무역거래에서의 대금결제를 원활히 하기 위해서 수입상이 거래하는 은행이 수출상에게 수출대금의 지급을 약속하는 조건부 지급확약서이다. 따라서 수출상은 수입상의 거래은행(신용장발행은행)으로부터 신용장을 수령하여야만 안심하고 물건을 보낼 수 있다. 수출상은 신용장을 수령하면 신용장의 내용이 계약 내용과의 일치 여부와 취소불능신용장 여부를 반드시 확인하여야 한다. 만약, 선지급 T/T로 결제하기로 한 경우에는 Proforma invoice를 토대로 수입상이 먼저 물품대금을 지불하여야 한다.

4) 수출승인(필요시)

대부분 품목은 별도의 승인 없이 수출할 수 있으나 수출입공고와 통합공고에 기재된 일부 수출금지 또는 제한품목의 경우 수출승인을 받아야 한다. 이 때 수출승인은 관련부처나 업종별 단체에서 받으면 된다.

5) 수출상품 확보

신용장을 수령하고 수출승인을 받고 나면 수출상은 본격적으로 상품을 해외에 보내는 단계를 밟아야 한다. 상품을 해외로 보내기 위해서는 자체 생산하거나, 국내 및 해외에서 수출상품을 조달해야 한다.

6) 운송/보험

수출상은 수출상품이 확보되었으면 운송인을 수배하여 해외로 이를 보내야 한다. 이때 수출상은 상품의 종류, 시기, 계약사항에 따라 선박, 항공기, 복합운송 등의 방법을 선택하게 되는데 많은 경우 전문 운송회사인 포워딩 회사에 맡겨 물품을 인도한다. 물품을 인도할 때는 포장명세서(Packing List ; P/L)나 상업송장(Commercial Invoice) 등의 서류를 준비해야 한다. 또한 수출상은 수출상품이 운송 도중에 피해를 입었을 경우 보상받을 수 있는 적하보험(손해보험사)과 대금회수 위험 등에 대비하는 무역보험(한국무역보험공사)을 가입하면 된다.

7) 수출통관/선(기적)

수출상은 수출물품을 보세구역의 컨테이너 야드(CY) 등에 반입한 후 필요한 통관서류를 세관에 제출하는 등의 통관절차를 완료하여 세관으로부터 수출신고필증을 발급받아야 한다. 이 과정은 대개 관세사를 통해 진행한다. 이후 운송회사가 본선 적재 이후 선화증권(B/L)을 발행하게 된다.

8) 수출서류 매입(네고, Negotiation)

수출상은 수출상품을 운송인에게 인도한 후 관련 증빙서류를 구비하여 환어음을 작성한 후 은행에 제출하여 수출대금인 환어음 대금을 할인하여 수출국 은행으로부터 수령하게 되는데 이를 매입이라고 한다. 즉 수출상은 신용장에 명시된 서류인 선화증권(Bill of Lading ; B/L) 등 운송서류, 상업송장과 원산지증명서 등 매입서류를 갖춰 은행에 제출하고 수출대금을 수령하게 된다.

9) 관세환급

수출상이 물품을 직접 제조하여 조달하는 과정에서 원부자재 등을 해외에서 수입했을 경우 수입 과정에서 납부했던 관세를 돌려받는데 이를 관세환급이라고 한다.

10) 사후관리

수출상은 수출입 제한품목이나 특정 거래형태의 경우 법규에서 정한 사후관리, 또는 대금회수를 위한 사후관리가 필요하다. 또한 클레임을 당했을 경우에는 신속하면서 정확한 해결방안을 모색하고 거래 지속을 위한 사후관리를 해야 한다.

2. 수입절차

1) 수입 아이템 및 수출상 선정

수입상은 자신의 이익을 높일 수 있는 필요 제품을 어느 나라에서 구입할 것인가를 정하여야 한다. 수입상은 수입 제품을 선정할 때 유통망, 경쟁사 등 내수시장 상황, 환율, 가격변동 여부 등을 파악해 제품을 선정하여야 한다. 수입상은 제품이 선정되었으면 세계 각지의 수많은 공급자들(Suppliers)로부터 가장 합리적인 가격에 가장 적합한 상품을 찾아내는 제품 소싱(Sourcing) 단계를 거쳐야 한다. 수입상의 소싱 활동으로는 전시회나 교역상담회, 카탈로그 북, 광고 등을 활용하는 전통적인 방법부터 e-마켓플레이스나 소셜 네트워크 서비스(SNS)를 활용하는 최신 방법 등이 있다.

2) 수입상담 및 계약

수입상은 관심 있는 제품과 공급처를 찾았으면 상대방을 만나 상담을 하고 계약을 체결하면 된다. 수입상은 수입상품의 품질 및 가격, 수량, 납기 등 기본상품조건은 물론 결제통화, 운송수단, 결제방법 등을 제시하여 서로의 요구사항들을 확인한 후 합의에 도달하면 계약이 체결된다. 수입계약은 일반적으로 외국의 공급자로부터 물품매도확약서(offer sheet)를 받은 후 이를 수입상이 이를 승낙(Acceptance)함으로써 계약을 체결한다. 계약서에는 추후 품질불량이나 수량부족 등에 대비한 클레임 사항 등 조항 하나하나를 꼼꼼히 검토해야 한다.

3) 수입승인(필요시)

수입상은 수출입공고나 통합공고 등에서 수입이 제한되는 품목인 경우 주무부처나 관련 기관의 수입승인을 얻어야 한다.

4) 신용장 개설 등

수입상은 계약조건에 신용장을 결제방식으로 선택한 경우 자신의 거래은행에 자신을 대신하여 지급을 확약해줄 것을 요청하는 신용장 개설을 신청하여야 한다. 신용장을 개설할 때는 개설신청서에 간단·명료·정확하게 수입오더 내용을 작성하되 수입계약서의 내용(대금결제방법, 선적항, 도착 항, 선적기일, 유효기일 등)과 일치시켜야 한다.

5) 선적서류 내도

신용장 거래의 경우 수출상이 보낸 선화증권 등 선적서류가 개설은행에 도착하면 은행은 이를 심사한 후 수입상에게 통보하게 된다. 수입상은 이 선적서류를 가지고 운송업체로부터 수입상품을 인수할 수 있다. 참고로 항공화물의 경우 서류보다 수입상품이 먼저 도착하는 경우가 많은데, 이때에는 수입화물선취 보증서(L/G, Letter of guarantee)를 통해 화물을 인수하면 된다.

6) 수입대금 결제 및 서류인수

수입상이 개설은행으로부터 선적서류를 인수하려면 대금을 지불해야 하는데 일람출급 환어음(At sight Bill)인 경우 즉시 대금을 결제하고 기한부 환어음(Usance Bill)일 경우 만기일에 결제하면 된다.

7) 수입통관

수입상은 은행으로부터 받은 선화증권(Bill of lading : B/L)이나 항공화물운송장(Air Waybill : AWB)을 선사나 항공사에 제시하면 수입물품을 인수할 수 있는데, 이 때 통관이라는 절차를 거쳐야 한다. 수입통관은 수입물품을 보세구역이나 타소장치장에 장치한 후 세관에 수입신고를 하면 되는데 세관의 검사와 심사가 끝나면 은행에 관세를 납부하고 수입신고필증을 받게 된다. 이러한 과정은 보통 관세사에게 맡겨 진행하고 있다.

8) 반출

수입상은 통관절차를 마친 제품을 보세구역에서 반출하여 자신의 창고나 적정한 장소에 옮겨 놓게 된다. 이때 수입상은 보세구역에 있는 보세창고업자에게 수입신고필증과 화물인도지시서(D/O, Delivery order)를 제출하면 물품을 내어 준다. 수입상은 수입물품을 제조 시 원부자재로 사용하든지, 국내 유통을 시키든지 하면 된다. 한편, 수입상은 수입물품에 하자가 있거나 계약과 다를 경우 수출상에게 클레임을 제기한다든지 등의 조치를 취한다.

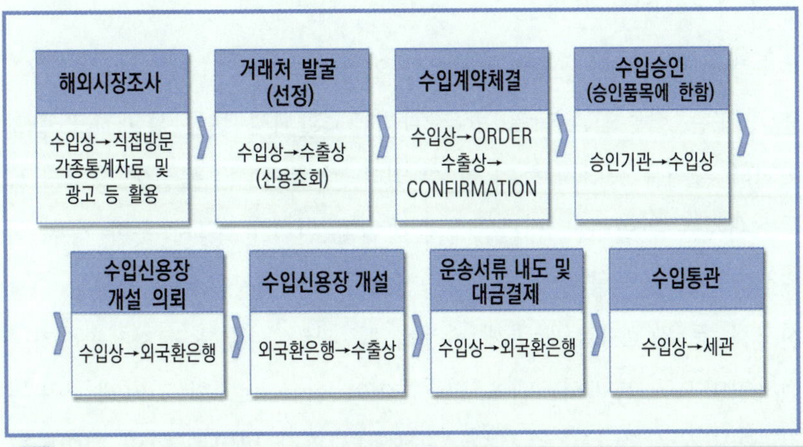

[그림 6-7] 수입절차

제4절 수출입 통관 이해

1. 수출통관절차

수출을 기준으로 상품의 이동 경로를 살펴보면 "수출상품의 생산 또는 조달(공장) → 내륙운송(트럭, 철도 등) → 보세구역 도착(부두, 공항) → 통관(관세청) → 선(기)적 → 수입지 도착"의 순으로 진행된다.

수출통관은 일반적으로 수출자가 선적 일정을 감안해 수출신고를 하고 세관에서 이를 승인하여 수출신고필증을 발부하는 과정이며, 다음과 같은 절차로 이루어진다.

1) 수출신고

수출신고는 원칙적으로 종이서류 없는 인터넷 신고로 하며, 화주(수출상) 또는 화주의 위탁을 받은 관세사 · 관세사법인 · 통관취급 법인이거나 완제품 공급자 등이 할 수 있다. 수출신고는 물품이 장치된 물품소재지를 관할하는 세관장에게 하여야 한다. 그렇지 못한 경우 허위신고죄로 처벌될 수 있다. 수출신고서류는 전자문서로 작성된 수출신고서 등 신고자료와 함께 송품장 등 관련 서류를 전자제출하거나 전자이미지로 통관시스템에 전송하여야 한다. 그 외 전자제출 또는 전자이미지로 전송할 수 없는 경우에 세관장 확인물품 및 확인방법

지정고시에 의한 구비 서류, 전략물자 수출허가서, 위약수출 및 재수출조건 이행사실 입증서류로 제출할 수 있다.

2) 수출신고 수리

세관에서는 수출통관시스템(UNI-PASS)의 전송신고 자료가 관세법 및 대외무역법 등 법령에서 정한 사항에 대한 위반 여부 및 불법수출 여부에 대하여 확인하며 우범성 여부[C/S : Cargo Selectivity(우범화물 선별)], 수출신고서 작성요령에 적합하게 작성되었는지 여부를 검토한 후 수리여부를 정한다. 수출신고물품의 검사는 원칙적으로 생략하지만 물품을 확인할 필요가 있는 경우에 물품검사를 할 수 있다.

수출신고서는 전자통관심사, 심사(화면심사, 서류심사), 물품검사로 구분되어 처리된다.

① "전자통관심사"는 수출신고를 하면 세관 직원의 심사없이 수출통관시스템에서 전자적 방식으로 심사하는 것을 말한다.

② "심사"란 신고된 세번과 신고가격 등 신고사항의 적정여부, 법령에 의한 수출요건의 충족여부 등을 확인하기 위하여 관련 서류(전자이미지 포함)나 분석결과를 검토하는 것을 말한다.

③ "물품검사"란 수출신고된 물품 이외에 은닉된 물품이 있는지 여부와 수출신고사항과 현품의 일치여부를 확인하는 것을 말한다.

수출신고서의 수리는 자동수리, 심사 후 수리, 검사 후 수리 방식 등 3가지로 분류된다.

① 자동수리는 서류제출대상, 검사대상이 아닌 경우 수출통관시스템에서 자동으로 수리된다. 화면심사는 수출신고 후 세관 심사직원이 심사를 하지 않으면 일정시간 경과후 자동으로 수리되어 자동수리에 포함시키고 있다.

② 심사후 수리는 수출요건 구비서류가 필요한 물품(전산망 연계 제외), 위약물품의 수출, 재수출 조건부로 수입된 물품의 수출, 서류제출대상으로 선별된 물품 등에 대해 관련 서류를 제출받아 심사하여 수리한다. 즉, 세관직원이 신고내용을 심사하고 수리하는 경우를 말한다.

③ 검사후 수리는 수출C/S[Cargo Selectivity(우범화물 선별)]시스템에서 검사대상으로 선별된 물품 또는 수작업에 의하여 검사대상으로 선별된 물품에 대하여 현품 검사후 수리한다.

수출신고필증은 일반적으로 신고 사실을 전산통보 받은 후 관세사가 날인하여 수출화주에게 교부한다. 그리고 화주가 신고서류를 제출한 경우에는 세관의 처리담당자가 날인한 후 수출신고필증을 교부함으로써 수출신고가 수리된다.

3) 선적

선적작업 개시 직전에 운송회사는 수출신고필증의 제시를 요구한다. 이후 본선수취증(Mates Receipt ; M/R)을 발급한다. 수출물품을 선적한 후 선사 또는 포워더는 수출신고가 수리된 날로부터 30일 이내에 선적 적하목록(Manifest)에 수출신고번호를 기재하여 세관에 선적 완료한 사실을 신고한다.

수출신고가 수리된 물품은 수출신고가 수리된 날로부터 30일 이내에 우리나라와 외국 간을 왕래하는 운송수단에 적재하여야 한다.

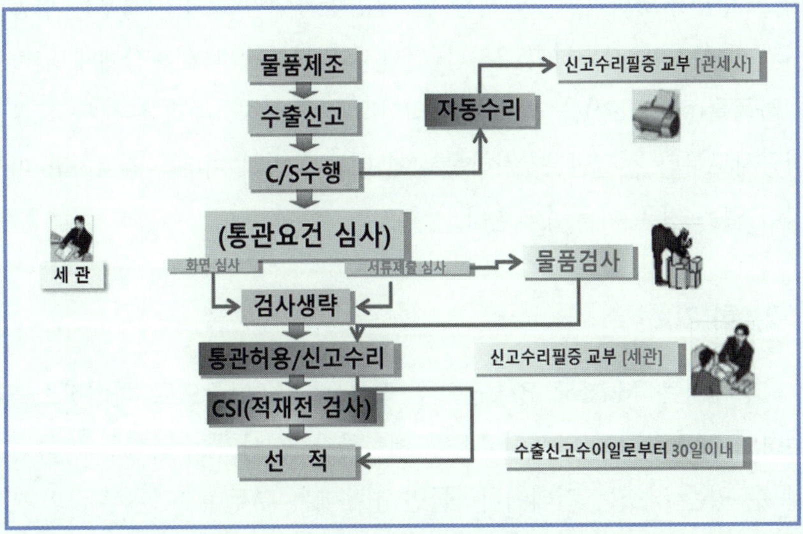

[그림 6-8] 수출통관절차

2. 수입통관

수입의 상품 이동 경로를 살펴보면 "입항 및 양륙 → 보세구역반입 · 보세운송 · 장치확인 → 수입신고 → 신고서심사 · 물품검사 → 수입신고수리 → 세액납부"의 순으로 진행된다. 수입통관은 수속이 복잡하여 관세사를 통해 수속을 밟는데, 원활한 수입통관수속을 위해 수입상은 본선 입항일(ETA : Estimated Time of Arrival)을 확인하고 선적서류를 입수해두어야 한다.

1) 입항신고

수입상은 해상수입 화물인 경우는 선사가 수입물품을 선적한 선박이 도착항에 입항하기 24 시간 전까지, 항공수입 화물인 경우는 항공사가 항공기가 착륙하기 2시간 전까지 입항예정지 세관장에게 입학적하목록(Manifest)을 제출하여 입항신고를 한다. 세관은 선사 혹은 항공사로부터 전달받은 '적하목록'에 대한 우범성 여부를 검토하고 이상이 없을 경우 이를 수리한다.

2) 하(기)선

운항선사는 Master B/L단위의 적하목록을 기준으로 하선장소를 정하여 세관장에게 하선신고서를 제출한다. 선사가 수입화물을 하선할 수 있는 장소는 컨테이너화물인 경우에는 부두내 또는 부두밖 컨테이너 야드(CY ; Container Yard)이다.

하역업자는 하선신고일로부터 7일 이내에 하선장소에 물품을 반입하는데, 하선장소 보세구역설영인은 보세구역 반출입요령에 따라 원칙적으로 House B/L단위로 반입신고하여야 한다.

3) 보세구역 반입 및 보세운송

보세구역은 보세화물을 반입, 장치, 가공, 건설, 전시 또는 판매하는 구역으로 세관에서 직접 관리하는 지정보세구역과 개인이 허가를 받아 운영하는 특허 보세구역으로 구분할 수 있다. 지정보세구역은 지정장치장과 세관검사장 및 부두 CY가 있고, 특허보세구역은 보세창고, 보세공장, 보세전시장, 보세건설장 및 보세판매장이 있다.

보세운송은 세관장에게 신고한 후 보세화물을 국내의 보세구역 간에 이동하는 것으로서 보세운송구간은 보세구역 또는 타소장치허가장소간 이외에도 개항, 세관관서, 통관역 및 통관장 및 통관우체국 간에 한하여 인정한다.

4) 수입신고

수입신고는 수입하고자 한다는 의사 표시로서 수입화주, 관세사, 관세법인, 통관취급법인 등이 수입신고서를 세관에 제출하면 된다. 수입신고서에 수입물품의 관세율표상 품목분류·세율, 납부세액, 관세감면액과 법적근거, 수출상과 특수 관계 여부 등 과세가격 결정에 참고가 될 사항을 기재하여 세관장에게 제출한다. 이와 함께 관세감면이나 분납신청을 하려면 수입신고 후 수입신고수리 전까지 관세감면 또는 분납신청을 하여야 한다.

5) 신고서 심사 및 물품검사

수입신고서를 접수한 세관은 수입통관시스템(Unipass)에 조회하여 수입물품 선별검사시스템(Cargo Selectivity System, C/S)[3]결과, 통관심사 및 검사에 특별한 주의를 요하는 사항이 있는지 여부를 확인하여 즉시수리, 심사대상, 물품검사 중 한 가지를 선택하여 수입신고서 처리방법을 결정한다.

---

3) 수입물품 선별검사시스템(Cargo Selectivity System, C/S) : 수입신고된 물품에 대하여 현품검사대상·서류제출대상·일괄심사대상을 구별하고, 품목별 검사지침을 운용하며 검사 및 심사결과를 등록하고 처리하는 시스템을 말함.

6) 수입신고수리

세관장은 수입신고가 관세법의 규정에 따라 적법하고 정당하게 이루어진 경우 적하목록을 제출받은 후 지체없이 수입신고를 수리하고 수입신고인에게 수입신고필증을 교부하며, 신고수리 시에 관세 등에 상당하는 담보를 제공하도록 한다.

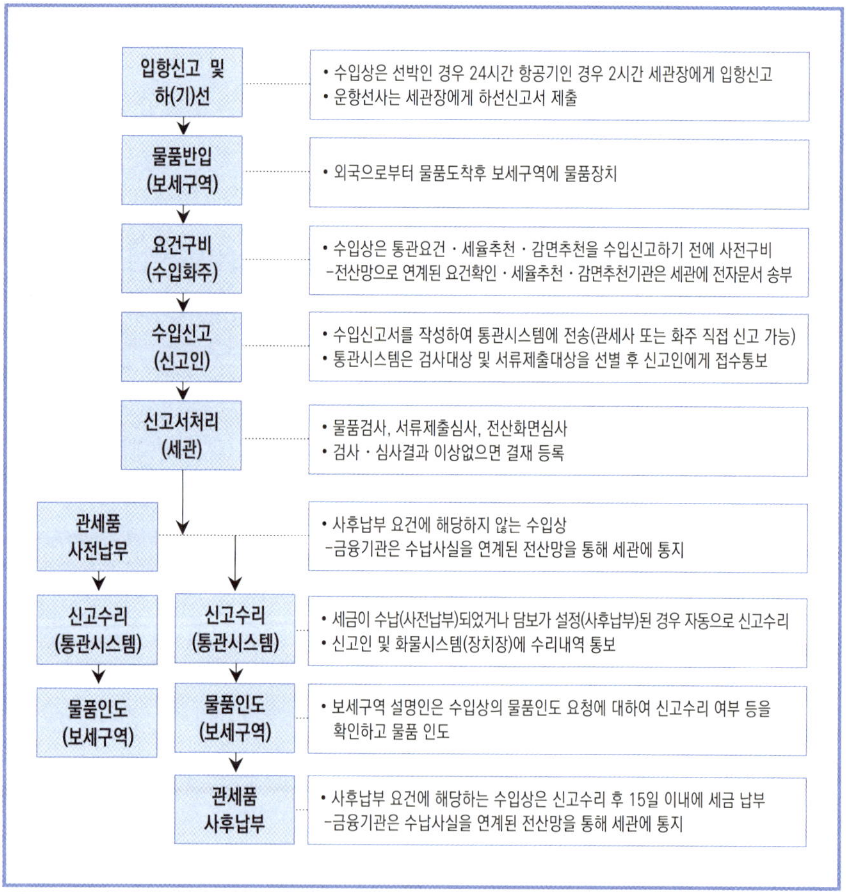

[그림 6-9] 수입통관 흐름도

수입통관절차가 면허제에서 신고제로 전환되면서 수입제세 과세절차를 통관 절차와 분리되었으며, 수입제세의 납세의무자인 수입화주가 수입제세를 납부하는 방법은 납부시기에 따라 신고수리 전에 납부하는 사전납부방법과 신고수리 후에 납부하는 사후납부방법이 있다.

제 7 장

글로벌 공급망 관리

제 7 장

글로벌 공급망 관리

급변하는 경영환경에 적응하기 위해, 기업들은 새로운 경영혁신기법 도입에 관심을 갖게 되었다. 최근 기업들이 관심을 갖는 경영혁신기법은 물류와 공급망 관리이다.

기업의 글로벌화로 현지 수요를 충족시킬 제품생산을 위해 해외에 공장을 설립하고, 적은 수의 공장으로 글로벌 수요를 충족시킬 수 있을 만큼 많은 양의 제품을 생산할 수 있게 되었다.

기술변화와 생산 효율성은 많은 기업이 저비용으로 제품을 대량생산할 수 있게 해주었다. 이로 인해, 모든 산업에서 초과생산 문제가 발생하여 예전보다 경쟁압력이 증가하였다.

새로운 글로벌 환경에서 경쟁력을 유지하기 위해서 기업은 비용을 낮추고 서비스를 강화시킬 수 있는 방법을 지속적으로 강구해야 한다. 이것은 글로벌 공급망 관리의 효율성과 효과성이 어느 때보다 중요하다는 것을 의미한다.

이에 따라 글로벌 기업[1]들은 조달, 생산, 판매부문에서 기업 간 글

---

1) 글로벌 기업(global corporation)이란 과거의 다국적 기업(MNC : Multinational Corporation)보다 더 확장된 개념으로 '전 세계를 대상으로 경영 활동을 전개해 나가는 기업'을 의미한다. 글로벌 기업, 다국적 기업, 초국가 기업, 초국적 기업, 세계 기업, 우수 기업 등의 표현이 혼용되고 있는데, 이들 사이에는 약간의 개념상 차이가 있으나 현실적으로 유사하게 사용되고 있다.

로벌 네트워크 구축을 통하여 글로벌 소싱, 글로벌 마케팅, 글로벌 물류 활동을 바탕으로 기업의 경쟁우위 확보를 통해 부가가치를 높이고 있다.

본 장에서는 글로벌 소싱(global sourcing), 기업의 글로벌화(globalization)와 공급망(supply chain),[2)]글로벌 공급망관리(global supply chain management) 그리고 글로벌 공급망 위험관리(global supply chain risk management)에 대하여 설명할 것이다.

제1절 글로벌 소싱관리

Wal-Mart는 전 세계 공급망을 활용하여 글로벌 소싱을 통한 비용절감의 효과를 높이고 있다. 즉 전 세계적으로 자사 매장의 구매력을 통합하는 방법으로 공급망에서 수십억 달러의 비용을 절감하고 있다. 이는 제3의 조달 회사나 공급업체를 통하기보다 직접 제조업체에서 구매하는 상품의 비율을 늘리고 있다. 연 매출이 4,000억 달러가 넘는 이 회사는 공급업체들과의 협상을 하고, 할인을 위해 자사의 구매규모를 이용하며 매우 치밀한 구매전략을 수립하고 있다. Wal-Mart는 전 세계 공급망을 활용해서 직접 구매로의 전환을 통해 향후 5년내에 공급망에서 글로벌 소싱을 통하여 5~15%의 비용절감을 할 것

2) 공급망(supply chain)은 공급사슬 또는 공급체인이라고도 한다. 여기서는 공급망이라고 한다.

으로 예상되며, 향후에 구매물량의 80%를 직접구매로 전환함으로써 전 세계 대형 소매유통시장에서 글로벌 소싱을 활용하여 장기적으로 40~120억 달러의 비용절감을 할 것으로 예상되고 있다.[3)]

1. 글로벌 소싱의 정의

1) 소싱

글로벌 소싱(global sourcing)의 정의를 위해서는 소싱의 정의를 파악해야 한다. 소싱은 구매 또는 조달로도 알려져 있으며, 그 정의는 다음과 같다.

- 소싱(sourcing) : 제품, 자재, 서비스를 어디서 누구로부터 공급받을 것인가에 대한 결정을 내리는 일련의 활동
- 구매(purchasing) : 대가를 지불하고 기업의 활동에 필요한 자재와 용역을 확보하는 행위
- 조달(procurement) : 품질, 수량, 시간, 장소 등을 고려한 총 소유비용(Total cost of ownership)의 최소화를 목표로 하는 구매행위

위와 같은 정의들을 종합해 보면, 소싱이란 '자재를 구매하여 필요한 시간과 장소에 공급하는 활동'이라고 정의할 수 있다. 소싱은 구매나 조달보다 더 포괄적인 개념으로 공급망에 대한 영향을 더 고려하는 경향이 있다.

---

3) Wal-mart, 2013 Global Responsibility Report, 2013.

2) 글로벌 소싱

글로벌 소싱(global sourcing)은 앞에서 정의한 소싱의 활동 범위를 국내가 아닌 세계 전 지역으로 확대시킨 것이다. 글로벌 소싱에 대한 정의는 다음과 같다.

- 전 세계 시장을 대상으로 원재료를 공급하고 구매
- 공급자의 입장에서 글로벌 공급망을 통한 세계적인 공급기반이 형성
- 구매자의 입장에서는 기업 활동에 필요한 재화와 서비스를 전 세계 시장을 대상으로 적시적기에 합리적인 가격으로 구매
- 글로벌 소싱 시장에서 공급자, 품목, 수량, 가격 등과 같은 구매자의 선택폭이 넓어짐
- 물류와 밀접한 관계를 갖고 있는 부문으로서 구매/조달부서는 제품 니즈, 공급업체의 특징, 물류의 실행 가능성 등과 같은 다양한 요소를 토대로 의사결정을 내림

이상의 내용을 종합해 보면, 글로벌 소싱(global sourcing)은 '전 세계 지역으로부터 원재료, 부품, 완성품 등을 구매 조달하여 부가가치가 높은 가치사슬[4)]로 경쟁우위를 확보하는 경영 기법이다' 라고 정의할 수 있다.

---

4) 가치사슬(value chain)은 마이클 포터 교수가 주장한 개념이다. 즉 경쟁우위는 하나의 기업을 전체적으로 살펴봄으로써 이해할 수 있는 개념은 아니다. 일반적으로 경쟁우위는 기업의 생산, 물류, 마케팅, 비즈니스 지원에 대한 다양하고 차별적인 활동으로 체계화되어 있다. 각각의 개별 활동들은 기업의 비용우위 창출에 기여하고, 차별적 역량을 위한 기반으로 제공된다. 가치사슬은 전략적 목적달성을 위한 기업 내 비용절감과 업무성과 혁신을 위한 차별화된 역량이다. 기업들은 경쟁우위를 통해 경쟁기업보다 전략적으로 저렴한 비용에 개선된 품질의 제품을 창출할 수 있는 중요한 활동을 수행할 수 있다.

2. 글로벌 소싱의 환경요인

글로벌 경쟁이 가속화되면서 기업들은 글로벌 경영체계를 구축하고 있다. 이러한 과정에서 기업은 부품 또는 제품을 전 세계에서 소싱하고 있다.

글로벌 소싱을 추진하는 환경요인은 기업에 따라 다양하나 주로 비용절감, 품질개선, 기술의 혁신과 증대, 그리고 운송 및 신뢰도 개선 등이 있다. 즉 국내에서 소싱하는 것보다 전 세계를 대상으로 소싱함으로써 더 많은 선택의 여지가 있으며, 이는 곧 경쟁적인 조건으로의 구매 가능성을 높여준다.

표 7-1. 글로벌 소싱의 기회와 위험

기회요소	위험요소
• 비용절감 • 신규제품개발 • 생산거점의 공급원활화 • 대체공급업체 발굴 • 비정규직 노사갈등 해소	• 품질저하 • 재고/물류비용 증가 • 불안정한 공급 • 장기적 리드타임 • 환율 변동

자료 : 매일경제, "글로벌 소싱이 생산력을 높인다", 2010.6.3.

글로벌 소싱에는 〈표 7-1〉에서 보는 바와 같이 비용절감과 공급선의 다양화 등으로 인한 기회요인도 있지만 위험요소도 많이 내재되어 있다. 공급망의 글로벌화와 외주의 증가로 인한 위험요소로는 자재의 파이프라인 확장, 길어진 조달시간, 운송 및 재고비용의 증가, 관련 규정과 법령의 증대, 환율변동, 통관 요구사항, 언어, 문화와 시간의 차이

등이 있다.[5)]

글로벌 소싱은 비용 절감효과를 기대하는 저비용 국가 소싱이 주류를 이루고 있으나 점차 선진기술 활용을 기대하는 하이테크 국가 소싱의 비중이 증가하고 있다.

3. 글로벌 소싱의 형태

글로벌 소싱을 수행함에 있어 여러 가지 형태 또는 방식 중 어느 것을 채택할 것인가에 대한 의사결정이다. 의사결정을 할 때는 현지국의 수요, 입지상의 요인, 수송비, 규모의 경제, 정부의 규제 및 기타 요인 등을 고려해서 결정하게 된다. 다음과 같은 글로벌 소싱의 형태가 있다.

1) 내부 소싱과 외부 소싱

내부 소싱(in-house sourcing)은 원재료, 부품 및 중간재를 기업의 공장에서 직접 생산하는 것이고, 외부 소싱(outsourcing)은 기업 외부의 공급원으로부터 구입하는 것을 말한다. 이러한 결정에는 경쟁적 원가, 공급의 신뢰성, 품질의 균일성, 경험곡선과 규모의 경제, 장기적 기대수준, 고용문제, 잠재적 경쟁가능성, 생산설비의 전용성, 투자규모, 현지정부와 노동자 및 일반 대중의 태도 등과 같은 제반 요인을 고려해야 한다.

---

5) 이충배 · 김종칠 · 윤영길, 「국제물류론」, 박영사, p. 142.

2) 국내 또는 해외 소싱

국내 또는 해외에서 소싱할 것인가이다. 국내든 해외든 이러한 선택에서 고려할 요소는 우선 비용의 문제인데, 직접노무비, 자재비, 조달시간비용, 운송비, 재고비용 등은 국내든 해외소싱이든 모두 발생한다. 이들 중 운송비, 재고비, 조달시간비용은 해외소싱에서 더 많이 발생한다. 이에 비해 기업의 해외진출 시 개발도상국에서는 노동비용과 자재비가 저렴할 수 있다.

그러나 현지국 정부 간의 이해관계 분쟁이 발생할 수 있다는 것이다. 현지생산 자회사는 품질향상과 비용절감 등을 이유로 원재료, 부품 및 기계류 등을 본국에서 수입하려 할 것이다. 반면 현지국 정부는 자국의 부품산업육성과 국제수지개선을 위해 글로벌 기업이 현지공급원으로부터 조달해주길 요구할 것이다.

3) 단일 소싱과 복수 소싱

단일 또는 복수 소싱은 산업구매자의 목표, 공급자의 목표, 양자 간의 관계, 가격요건, 계약범위 및 기간, 구매자의 협상력, 구매자의 내부 및 외부 소싱 구조 등을 고려하여 전략적으로 결정되어야 한다.

4. 글로벌 소싱의 전략적 방향

글로벌 소싱은 국가별 서로 다른 문화적, 행정적, 법률적 위험을 포함하고 있으므로 이에 대한 면밀한 준비가 필요하다. 또한 제품 운송, 관리, 품질 등에 있어서 예기치 못했던 문제점의 발생 및 비용의 증가가 있을 수 있으므로 이에 대한 대비 역시 필요하다.

기업이 글로벌 공급망 영역에 진입하기 전에 공급업체의 세계적인 네트워크를 어떻게 운영할 것인지 고려해야 한다. 그렇지 않으면 일상적인 문제로 인해 비용 편익이 잠식되고 서비스 수준을 위협할 수도 있다. 고비용의 운송서비스, 통관문제 뿐만 아니라 국가 간 문화적 차이도 극복해야 한다. 효과적인 글로벌 소싱 전략을 수립하기 위해서는 다음과 같은 사항을 고려해야 한다.

1) 공급자 발굴과 평가

최종 재화에서 나타나는 대부분의 특징들은 공급자로부터 기원되기 때문에 공급처는 공급망의 중요한 부분이다. 공급자의 능력은 기업의 최종 재화 또는 서비스의 차별화를 지원하며 최종 고객의 가치를 증대시킨다.

신뢰할 수 있는 공급자의 발굴은 쉽지 않다. 그러므로 거래량이 많고 사업의존도가 높은 업체는 잠재적 공급자의 평가[6)]에 많은 시간을 할애해야 한다. 신뢰도가 낮은 국가의 경우 신용문제가 사업진척에 차질을 빚게 하고, 신의성실의 원칙에 위반되어 피해를 입는 경우가 많다. 그러므로 공급자와의 안정적인 관계 구축이 매우 중요하며, 또한 이들 파트너와 제휴를 통한 협력우위(collaborative advantage)를 어떻게 창출할 것인가를 고민해야 한다.

---

6) 공급자의 평가기준은 품질, 신뢰도, 위험, 공급자의 역량, 재무적 요소, 기업활동의 용이성, 조달시간 등이 있다.

2) 물류관리

글로벌 기업의 경우 공급자의 소재지와 소싱 기회들은 전 세계적으로 널리 분포되어 있으므로 물류관리(logistics)는 매우 중요한 요소이다. 물류관리를 소홀하게 취급하게 되면 높은 비용부담이 발생할 뿐만 아니라 시장 점유율의 감소로 인한 경쟁력 상실로 이어질 수 있다.

글로벌 소싱에 시간이 강조되는 이유는 국제거래에는 많은 시간이 소요되기 때문이다. 그리고 국제운송보다는 해당 국내의 내륙운송에서 지연이 발생하기 쉽다. 또한 선적(shipping), 혼재(consolidation), 및 세관통관(customs clearance)은 글로벌 공급망의 엔드-투-엔드 리드타임(end-to-end lead time)[7]에 영향을 주며 가변성이 존재한다. 이 과정이 〈표 7-2〉에 나타나 있으며, 이것은 글로벌화로 향하는 기업들에게 중요한 당면과제이다.

▶▶ 표 7-2. 엔드-투-엔드 리드타임 가변성 (단위 : 일수)

	원산지에서 항구까지	화물 포워딩 · 혼재	목적지 국가	세관통관	사용할 지점으로 이동	총경과시간
최대	5	7	15	5	5	37
평균	4	3	14	2	4	32
최소	1	1	12	1	2	17

자료 : 임세헌 · 박근수, 「물류관리와 SCM」, 도서출판 청람, 2017, p. 253.

7) 엔드-투-엔드 리드타임(end-to-end lead time)은 전체 리드타임으로서 원자재가 처음으로 조달된 시점에서부터 고객에게 상품을 전달하고, 대금을 지불받은 때까지를 의미한다.

3) 환율변동

환율거래에서 지급기간과 환율변동 등에 따라 환차손이 발생할 수 있다. 비록 이에 대비하기 위해 환율변동을 예측하지만 환율은 정치적, 경제적, 심리적 요인 등 많은 요인에 의해서 급격하게 등락하기 때문에 예측에 많은 어려움이 있다. 달러화로 계약을 체결해 두면 편리하지만 환위험을 분산하기 위해서는 유로화, 위안화, 엔화 등과 같은 다양한 통화로 계약 체결하함으로써 글로벌 소싱의 위험을 줄이는 것도 필요하다.

4) 관세, 세금 및 기타 비용

글로벌 소싱에는 글로벌 시장을 대상으로 다양한 제품을 소싱하기 때문에 높은 시장거래비용(market transaction cost)이 발생할 수 있다. 거래비용은 공급자 발굴 정보비용(information cost), 공급자와 가격이나 품질을 협상하는데 소요되는 비용(negotiation cost), 그리고 제품의 품질, 제품의 납기 등을 준수하는데 발생하는 비용(enforcement cost)을 합친 비용 등이 포함되며 이러한 시장거래 비용을 어떻게 낮출 것인가를 고민해야 한다.

관세는 국가의 관세영역을 통과하는 물품에 부과하는 조세이다. 관세의 대상이 되지 않는 자유무역지대나 보세구역을 제외하고는 예외없이 부과되는 수입 물품에 대한 세금의 일종이다. 세관 통관비용으로 관세사 비용, 기타 공과금과 신용장 발행비용, 통역료, 외국세금, 추가 재고비용, 노후화 및 파손 비용, 포장, 마킹비용 그리고 해상보험료 등이 있다.

5) 예측과 대응성의 개선

예측과 대응성의 개선은 소싱 네트워크에 편익을 가져온다. 즉 사전 계획을 잘 수립하면 급송의 의존도를 낮출 수 있다. 또한 공급자는 어떤 부품이 가용한지를 잘 알고 있기 때문에 예상치 못한 주문에 잘 대응할 수 있다. 예측이 정확하면 공급자가 보유하는 안전재고량을 최소화할 수 있다. 또한 현재 부품의 재고 상태를 잘 인지하고 있으면 통관지연이 발생해도 생산일정에서 문제가 일어나기 전에 대체 공급처를 구할 수 있을 것이다.

5. 글로벌 소싱의 미래

최근에 가장 두드러진 추세 중 하나는 기업의 오프 쇼어링(off-shoring)이다. 즉 비즈니스를 인건비가 상대적으로 낮은 해외로 이전하는 것이다. 오프 쇼어링은 생산, 제조 및 서비스업종을 망라하여 이루어지고 있다. 예를 들면 중국은 생산 오프 쇼어링의 목적지로, 인도는 서비스 오프 쇼어링의 목적지가 되고 있다.[8)]

많은 기업이 오프 쇼어링 및 제조 결정을 할 당시에, 기존의 공급처와 새로운 저비용 공급처 사이의 비용 차이는 상당했다. 그러나 최근 몇 년 동안 글로벌 소싱에 따른 실제 비용이 처음 생각했던 것보다 더 크다는 것을 알게 되었다.[9)] 운송비용의 증가, 환율변동, 그리고 가

8) [네이버 지식백과] 오프쇼어링 [Off Shoring] (HRD 용어사전, 2010. 9. 6., (사)한국기업교육학회)

9) Centre for Logistics & Supply Chain Management(2008), *The True Costs of Global Sourcing*, Cranfield School of Management, UK.

변적인 리드 타임으로 인한 높은 재고수준은 총비용 증가에 영향을 미쳤다. 제품수명주기가 짧은 시장에서는 연속적인 가격 인하 또는 감가상각으로 진부화 위험이 존재하였다. 다른 비용들은 제품품질 문제 및 지적재산권 침해로 인한 손실과 관련되어 있었다. 또한 오늘날 환경 문제에 대한 관심이 증대됨에 따라 탄소발자국(carbon footprint)[10)]에 대한 관심이 고조되고 있다.

현재 많은 기업은 이러한 문제점들로 인해 그들의 오프 쇼어링 및 제조 결정을 재검토하고 있다. 기업이 많은 제품을 저비용 국가로부터 조달받는 경우는 보편적인 경우이지만 그렇지 않은 경우도 있다. 예를 들면, 영국의 혼비(Hornby)사는 열차, 자동차 및 비행기 제조업체로 오랫동안 알려져 왔다. 20세기 말에 저비용 공급업체를 찾기 위해서 중국으로 완구류 제조생산공장을 이전했고, 2002년에는 영국 내 제조공장은 더 이상 없었다. 하지만 완구류 시장이 짧은 제품수명주기와 배송 리드타임 등으로 경쟁이 심화됨에 따라 혼비사는 이 문제점을 극복하기 위해 소싱 전략을 재검토하기 시작했다. 2013년에 혼비사는 항공기 에어픽스 모델의 생산공장을 자국(영국)으로 이전했으며, 중국에서 인건비가 상승함에 따라서 보다 많은 생산품을 자국에서 제조하고 있다.

기업이 직면한 문제점 중에 하나는 자국으로 제조공장을 옮기는 리쇼어링(re-shoring)결정이 쉽지 않다는 것이다. 한 공장을 폐쇄하면 전문기술 및 지식이 상실되며, 기계류 재공업체, 부품 조달업체 및 원재료 제공업체 등의 공급망이 사라진다.

---

10) 사람이 걸을 때 발자국을 남기듯 사람의 활동이나 상품을 생산, 소비하는 데 직간접적으로 발생하는 이산화탄소의 총량을 의미한다.

주요 쟁점사항은 오프 쇼어링 또는 리쇼어링이 아니라 어떻게 하면 적절한 쇼어링을 선택하느냐에 있다. 기업의 쇼어링 및 제조는 적합한 장소에서 이루어져야 한다.

제2절 기업의 글로벌화와 공급망

기업의 글로벌화는 다양한 지역에서 원재료를 조달하고, 외주생산을 함으로써 기업군으로 연계된 공급망을 확장한다. 최근 임금이 낮은 지역에서 제품을 생산하는 아웃소싱이 급속도로 증가하고 있다. 그러나 이와 같은 아웃소싱을 수행하기 전에 기업은 앤드-투-엔드 파이프라인(end-to-end pipline)[11]에서의 전체 유통시간이 길어지는 것을 신중히 고려해야 할 것이다.

따라서 글로벌화가 급속도로 진행되면서 기업들은 전 세계를 대상으로 생산요소들의 합리적인 결합을 통해 경쟁력을 강화하고, 분산된 자원을 유기적으로 결합할 수 있는 환경을 조성해 가고 있다.

11) 엔드-투-엔드 파이프라인은 제품생산을 위해 자재를 도입하고, 제품을 제조해 고객에게 유통시키기 위한 공급망을 의미한다.

1. 기업의 글로벌화 접근법

기업이 국내에서의 활동에 머물지 않고 글로벌화 하는 접근법에는 글로벌 생산전략과 시장접근전략의 두 가지가 있다.

1) 글로벌 생산전략

글로벌 생산전략을 통해 기업은 저렴한 비용과 높은 품질의 원·부자재의 투입을 통해 본국 시장에서 경쟁적 우위를 제고한다. 자원의 부존상태의 차이로 인해 국가 간 요소 가격의 차이는 기업활동을 저비용으로 수행할 수 있는 기회를 제공한다. 예를 들어, 서구 기업들은 저렴한 인건비와 규모의 경제 실현을 위해 중국이나 베트남과 같은 개도국에 원자재를 구매하거나 생산을 외주한다.

2) 시장 접근전략

기업은 전 세계적으로 현지에서 외국 시장에 접근하기 위한 운영체제를 구축할 수 있다. 보호주의와 NAFTA, EU, ASEAN과 같은 지역 자유무역협정의 확대는 기업이 수량할당제(Quota), 국내산 부품규정, 관세 등을 완화하기 위해 해외에서 생산기지를 구축하는 요인이 되고 있다.

2. 기업의 글로벌화 단점

기업의 글로벌화가 대세인 요즘에는 기업의 글로벌화 장점은 부각되고 글로벌화의 비용은 간과하는 경향이 있다. 그러나 글로벌화는 기업 경쟁력 제고에 필수적인 요소로 인식되고 있지만 이에 부수적으로 동반하는 단점을 보완 또는 극복하지 못하면 경쟁력 상실로 이어질 수 있다. 글로벌화로 인한 단점은 다음과 같다.

- 전 세계로의 공급망의 연장과 긴 조달시간은 공급망에서의 불확실성과 거래비용을 증대시킨다.
- 조달시간이 장기간에 이루어짐으로써 그 기간에서 더 많은 사건이 발생하고 공급망의 붕괴가 더 자주 일어날 수 있기 때문에 불확실성이 높다.
- 조달시간이 장기간에 걸쳐 이루어지고 또한 다양한 국가에서 기업활동이 이루어짐으로써 환율, 원자재 가격, 구성품 가격의 변동성이 높아지고 이로 인해 제품 가치가 하락할 위험성이 높다.

3. 글로벌 기업의 물류전략

글로벌 기업은 세계 도처에서 자사 제품의 시장을 확인하고 경쟁우위를 달성하기 위한 생산과 물류전략을 개발・실행하고 있다. 글로벌 시장에서 기업들은 이러한 전략 수행을 위해 글로벌 물류경로를 잘 활용하고 해외시장의 필요성에 부합하여 다수의 지역에 생산과 조립 시설을 설치・운영하고 있다.

글로벌 물류전략을 수립하기 위해서는 관리, 제조 및 유통에서 어느 정도의 집중화가 적절한지, 그리고 표준화를 통해 규모의 경제를 달성하는 동시에 현지시장 요구사항을 만족시킬 수 있는 방법은 무엇인지 등은 특히 중요하다.

기업이 글로벌 물류전략을 추진하는 세 가지 전략은 생산집중화 전략, 재고집중화 전략, 지연 전략 및 현지화 전략이다.[12)]

1) 생산집중화 전략

생산집중화 전략은 글로벌 사고가 기업에서 지배적인 사고방식이 됨에 따라 널리 확산되었다. 그러나 규모의 경제를 통한 저비용 생산을 추구하면 물류와 상충관계가 발생한다. 가장 분명한 상충관계는 운송비용과 배송 리드타임에 대한 영향 정도이다. 즉 원거리로 제품을 배송하는 비용은 생산비용 절감효과를 상쇄시킨다. 긴 리드타임은 현지 재고보유량에 영향을 미치는데, 이는 생산비용우위를 상쇄시킨다. 이에 따른 생산집중화의 문제점은 다음과 같다.

- 지역별 포장이 필요할 때 발생
- 한 기업으로부터 다양한 제품을 주문하는 고객(사)에 의해 발생

생산집중화 전략은 전체 물류에 미치는 영향이 복잡하고 상당한 것으로 알려져 있다. 이러한 이유 때문에 기업의 의사결정이 준 최적인지를 확인하기 위해서는 총시스템 모형화 및 시뮬레이션에 기초한 세심한 분석이 요구된다.

---

12) 임세헌 · 박근수, 「전게서」, pp. 247~252.

2) 재고집중화 전략

글로벌화로 인해서 기업들이 예전보다 제한된 지역에서 제품을 생산하는 것이 가능해졌고, 이로 인해 재고집중화가 이루어졌다. 일부 지역으로 재고를 집중하면 총재고소요량이 감소된다는 것이다. 따라서 기업은 더 넓은 지역을 대상으로 제품 및 서비스를 제공하기 위해 국가별로 산재해 있는 창고들을 폐쇄하고 지역 유통센터로 통합했다.

예를 들어, 필립스(Philips)사는 서유럽에 위치한 소비자 전자제품 창고수를 22개에서 4개로 축소했다. 마찬가지로 애플(Apple)사도 국가별로 산재해 있는 13개의 창고시설을 2개의 유럽지역 유통센터로 통합했다. 기업이 물류시설을 집중화하는 이유는 다음과 같다.

- 기업은 재고를 물리적으로 집중화하는 것보다 전략적으로 소비자 또는 생산지점 근처로 위치시키고 집중적으로 관리하고 통제함으로써 더 큰 이익을 창출
- 재고를 현지화 함으로써 더 큰 유연성을 유지
- 물적 재고보유를 집중화함으로써 발생하는 이중취급, 높은 운송비용, 긴 공급사슬 등은 줄어들었음

기업은 집중화를 통해 전 세계 재고를 관리하는 것이 효과적이라는 것을 알게 되었다. 성공적인 재고관리를 위해서는 실시간으로 고객수요를 파악할 수 있는 정보시스템이 필요하다. 집중화된 재고관리시스템은 불가피하게 제품이 원거리로 이동해야 하고 고객으로의 배송을 위한 짧은 리드타임을 보장하기 위해 고비용 항공운송이 필요하다는 점에서 더 높은 운송비용을 유발한다.

3) 지연전략[13] 및 현지화 전략

고객과 소비자 요구사항은 상당한 지역적 차이가 존재한다. 언어는 말할 필요도 없이, 소비자 기호에서도 큰 차이가 있다. 이러한 이유 때문에 표준화된 글로벌 제품들이 성공을 거두지 못하는 경우가 있다. 예를 들어, 세탁기는 형태에 따라 탑로딩방식과 드럼방식으로 구분된다. 특히 국가마다 세탁기에 대한 소비자 선호도에 차이가 있다. 즉 영국에서 소비자들에게 공급되는 세탁기는 대부분 드럼식 세탁기이고, 프랑스에서는 탑로딩 세탁기가 공급된다.

지역적 요구사항을 충족하고 동시에 글로벌 표준에 따라 물류를 조직화해야 한다. 기업은 비용감소의 측면에서 표준화의 이점을 달성하는 동시에 현지화를 통해서 마케팅 성공을 극대화시키려고 한다.

현재 많은 기업이 지연전략을 채택하고 있다. 지연전략의 장점은 다음과 같다.

- 재고를 일반적 수준으로 적게 보유
- 재고 유연성 확보
- 예측은 완제품수준에서보다 부품수준에서 쉬움

지연전략 이점을 최대한 활용하기 위해서는 현지화를 고려한 제품설계가 필요하다. 다양한 종류의 제품을 고객에게 제공하기 위해 제품 및 프로세스는 표준화된 모듈을 통해 반제품을 조립, 구성, 완성해야 한다. 많은 경우에 마무리 공정은 현지시장 또는 유통센터에서 이루어지고, 물류활동은 제3자 물류서비스 제공자를 통해 아웃소싱 될 것이다.

---

13) 지연전략은 공통 플랫폼, 요소 또는 모듈을 이용하여 제품을 디자인하고 최종 목적지 또는 고객 요구사항이 알려질 때까지 최종조립을 늦추는 전략이다.

4. 글로벌 기업의 당면과제

글로벌 기업은 시장을 확대함으로써 사업영역을 확장하고 구매와 생산에서의 규모의 경제 및 집중화된 제조, 조립공정 혁신을 통한 비용절감을 추구한다.

전 세계 시장은 동질적이지 않으며 많은 제품품목에 대해 현지의 다양한 요구사항이 있다. 또한 글로벌 공급망에서 복잡한 물류체계를 효율적으로 운영하지 않으면 높은 비용이 발생할 수 있으며, 상품의 주문부터 배송까지의 시간이 늘어날 수 있다.

이에 따른 도전과제는 현지시장 여건에 맞는 제품을 제공하고 동시에 표준화된 글로벌 생산의 이점을 얻는 것이며, 공급업체로부터 최종사용자까지의 글로벌 공급망을 어떻게 관리하느냐 하는 것이다.

21세기 들어 기업의 글로벌화는 피할 수 없는 추세이지만 다음과 같은 당면과제가 있다.

(1) 비용절감에 대한 시각

비용우위를 추구하는 글로벌 기업은 비용에 대한 편협한 시각을 가지고 있다. 그들은 저원가 공급업체를 통해서 구매 및 제조비용을 절감했다고 생각한다. 실제로 긴 공급사슬에서 발생하는 비용이 생산부분에서 절감할 수 있는 비용보다 클지도 모른다. 이는 총비용 측면에서의 상충관계(trade-off)를 보여준다.

(2) 서비스 요구사항 파악

기업이 글로벌 전략을 추진하는 데 중요한 요소 중의 하나는 시장의 서비스 요구사항을 파악하는 것이다. 따라서 비용절감을 추구하는 기업은 개별 시장의 서비스 요구사항을 제대로 파악하지 못함으로써 고객 또는 소비자에게 서비스를 소홀히 하는 잘못을 저지른다.

(3) 물류와 공급망관리의 중요성

제조 및 마케팅의 글로벌화 추세는 수익성을 창출하는 주요 요소인 물류와 공급망관리의 중요성을 나타낸다. 물류업무의 복잡성은 제품 품목의 증가, 제품수명주기 단축, 시장성장, 공급・시장 채널 수 같은 요인들에 영향을 받으면서 증가한다.

(4) 글로벌 비즈니스의 이해

글로벌 비즈니스를 이해하는 것은 중요하다. 글로벌 비즈니스는 단순히 수출 이상의 것을 의미한다. 글로벌 비즈니스는 일반적으로 기업들이 사용하는 원재료 및 부품을 한 나라 이상에서 공급받는다. 글로벌 비즈니스는 지리적으로 흩어져 있는 조립 및 제조공장을 가지고 있고 전 세계 시장에서 제품을 판매한다.

글로벌화 및 해외 아웃소싱 추세는 지난 수십 년 동안 급속하게 진행되어 왔다. 과거 대부분의 시장은 현지 공급처로부터 공급을 받았으나, 현재는 전 세계적으로 공급자, 제조업자 및 고객 사이에 상호의존성이 높아지는 변화를 맞이하였다. 그 결과 전 세계는 실질적인 지구촌이 되어가고 있다.

제3절 글로벌 공급망 관리

글로벌 비즈니스는 복잡한 네트워크이다. 대부분의 비즈니스는 공급자, 공급자의 공급자, 제조업체, 유통업체, 최종 고객에 이르기까지 수많은 기업이 상호관계를 맺으며 운영되고 있다.

글로벌 비즈니스가 이렇게 복잡한 네트워크를 이루면서 존재한다는 사실은 기업의 운영에 있어서 중요한 문제를 제기한다. 한 기업의 운영은 다른 기업의 운영으로부터 독립적이지 않다. 예를 들어, [그림 7-1]에서 공급자 A가 자연재해 등으로 갑작스런 운영중단 사태를

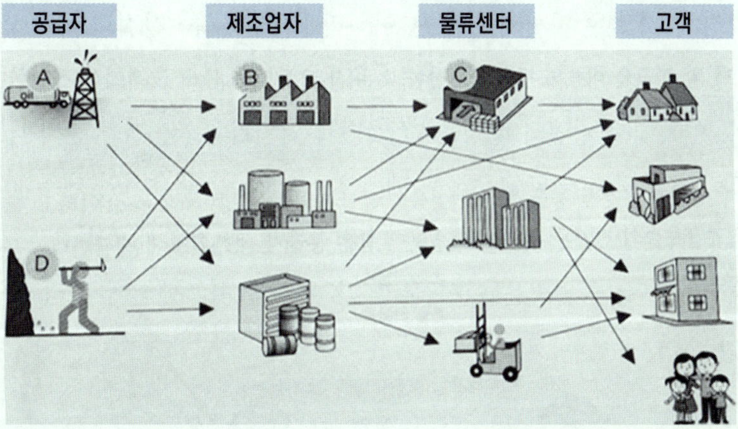

[그림 7-1] 비즈니스의 복잡한 네트워크

자료 : 서용원 · 박건수 · 신광섭 · 정태수, 「공급사슬관리」, 생능출판사, 2019, p. 25.

맞았다고 해보자. 그러면 이 공급자로부터 공급받는 제조업체(B)는 곧 제조에 필요한 자재의 고갈을 겪게 되고, 이로 인해 제조에 차질을 야기하게 될 것이다. 제조업체의 제조 차질은 유통업체(C)의 영업에 차질을 일으켜 최종 고객에 대한 해당 제품공급이 중단되기도 하며, 한편으로는 제조 중단에 따라 전반적인 자재 발주가 중단됨에 따라 다른 공급자(D)의 운영에 차질을 야기할 수도 있다. 상황의 심각성에 따라서는 공급자 A의 운영 중단과 공급자 D의 운영 차질에 의해 공급자 A에 대한 공급자나 공급자 D에 대한 공급자의 운영도 영향을 받을 수 있다.

기업들이 네트워크로 연관되어 있음에 따라, 한 기업에서 발생한 사건은 직·간접적으로 거래관계를 맺고 있는 다른 기업들에도 영향을 미치게 되어, 네트워크에 참여하고 있는 기업들의 운영은 서로 영향을 주고받는 관계에 있게 된다.

따라서 기업은 자사의 운영뿐 아니라 자사와 직·간접적으로 영향을 맺고 있는 다른 기업과의 운영 관련 연관관계를 고려하지 않을 수 없다. 여기에서 기업의 운영을 단일 기업 단위가 아닌, 기업 간의 네트워크인 공급망(supply chain)을 대상으로 해야 할 필요성이 대두된다. 이에 따라 이미 기업 간의 경쟁은 기업이 속한 공급망 사이의 경쟁으로 확대되었으며, 공급망은 이제 국가 간 무역전쟁의 핵심에 자리 잡게 되었다.

1. 글로벌 공급망관리의 개념

1) 공급망의 정의

글로벌 공급망관리(global supply chain management)를 정의하기 전에 먼저 공급망(supply chain)과 공급망관리(supply chain management)를 정의하도록 한다. 공급망은 연구자에 따라 다양한 내용으로 정의되는데, 대표적으로 사용되는 정의들은 다음과 같다.[14)]

- 자재가 제품이나 서비스로 변환되는 과정과 생산된 제품 및 서비스가 고객에게 전달되는 모든 과정에 있는 공급업체 간 상호 연결된 일련의 고리
- 공급자, 제조, 운송 및 보관, 유통 및 판매, 그리고 최종 소비자의 연쇄구조
- 고객의 요구를 만족시키기 위하여 필요로 하는 모든 단계의 유기적 관계

위와 같은 정의들을 종합해 보면, 공급망이란 '제품 및 서비스가 최종고객에게 도달하기까지 거치게 되는 조직 간의 연결고리'로 정의될 수 있다.

2) 공급망관리

공급망관리(SCM : Supply Chain Management)란 공급망을 효율적

---

14) 진현웅, 「공급사슬관리의 주요 개념과 활용」, 도서출판 청람, 2012, p. 23.

으로 관리하는 것으로 정의될 수 있다. 이를 보다 자세하게 서술하면 다음과 같다.

- 정보의 공유와 협업을 통하여 불확실성이 높은 시장 변화에 공급망 전체를 기민하게 대응시켜 동적인 최적화를 도모하는 경영관리기법

공급망관리가 기존의 경영방법론과 차이를 가지는 것은 관리의 대상이 개별 부서 또는 조직에 국한되는 것이 아니라 공급망에 속하는 조직 간의 연계를 대상으로 한다는 점이다.

3) 글로벌 공급망관리

글로벌 공급망관리(global supply chain management)란 그 이름에서 알 수 있듯이, 앞에서 논의된 공급망관리의 활동을 전 세계적으로 확장시킨 개념이다.

- 전 세계를 대상으로 경영활동을 전개해 나가는 글로벌 기업의 경영관리기법
- 글로벌 기업이 고객 서비스 수준을 만족시키면서 시스템의 전반적인 비용을 최소화
- 제품이 정확한 수량으로, 정확한 장소에, 정확한 시간에 생산과 유통이 가능
- 공급자, 제조업자, 물류업자, 창고·보관업자, 소매상들을 효율적으로 통합하는 데 이용되는 일련의 접근법[15)]

---

15) 서용원·박건수·신광섭·정태수, 「전게서」, p. 27.

글로벌 공급망관리(global supply chain management)는 '원자재를 최종 고객에게 완제품으로 전달하는 과정에서 거래관계로 연관되어 있는 글로벌 기업의 네트워크와 여기에 포함되어 있는 자재, 인적자원, 정보, 프로세스 등을 유연하고 효율적으로 연계하는 것'이라고 정의할 수 있다.

2. 글로벌 공급망관리의 필요성

글로벌 기업의 등장은 기업들의 생산과 판매의 영역이 전 세계로 확장되었다. 이에 따라 공급망의 리드타임이 길어지고 고객의 수요에 신속하게 대응하지 못하는 경우가 있었다. 기업들은 공급망에서 불확실성을 제거하고, 다양한 소비자의 기호를 신속하게 대응하기 위해서 노력해 왔다.

1) 개별조직의 혁신 노력의 한계

재고관리, 품질개선, 생산성 증대, 납기단축 등 조직의 역량을 강화하기 위하여 글로벌 기업들은 업무재설계(BPR : Business Process Reengineering), 6시그마 등 다양한 혁신기법들을 활용하였다. 이러한 혁신기법들이 적절하게 적용이 되면 해당 업무는 개선되고, 그 결과 개별조직의 업무 효율성은 크게 증가하게 된다. 그러나 개별업무 효율성의 증가가 기업 전체의 성과로 이어지지 않는 경우가 많이 발생하고, 개별업무 개선의 효과 역시 일정수준을 지나게 되면 더 이상 증가하지 않는 한계에 도달하게 된다.

따라서 개별조직의 업무 개선에 이은 조직 간 업무에 대한 개선 노력이 요구되었고, 이는 글로벌 공급망관리의 필요성을 가져오게 되었다.

2) 수요의 불확실성 증가

과거에는 제품 수요의 변동 폭이 크지 않고 또한 수요의 변화 속도 역시 빠르지 않았다. 공급 측면 역시 변화가 적고 느리게 운영되었다. 이러한 상황에서는 공급망이 느리게 변화하므로 동기화의 필요성이 낮고 따라서 공급망관리에 대한 필요성 역시 낮게 나타났다.

그러나 현대의 글로벌 기업환경에서는 기업 간의 경쟁이 치열해지고 제품수명주기가 줄어들고 있다. 이에 따라 제품수요의 변동 폭은 매우 크고, 변화 속도 역시 매우 빠르다. 수요 변동폭 및 변화 속도의 증가는 제품 수요에 대한 예측가능성을 낮추어 수요의 불확실성을 증가시킨다.

수요의 불확실성이 커짐에 따라, 조직 간의 동기화가 용이한 공급망과 조직 간의 동기화가 어려운 공급망 간의 성과 차이가 커지게 되고, 이는 글로벌 경영에 있어서 공급망관리의 중요성을 증대시켰다.

3) 공급의 불확실성 증가

수요 측면의 불확실성이 공급망관리의 필요성을 증대시킨 것과 같이 공급 측면에서의 불확실성 역시 공급망관리의 필요성을 증대시킨다.

기업의 글로벌화, 글로벌 아웃소싱 등으로 진화됨에 따라 공급망의 구조가 수직계열화 되어 있던 과거에 비해 복잡해지고, 지역적으로도 확대되었다. 즉, 과거에는 부품구매, 자재보관, 제품생산, 보관 및 운송, 판매에 이르는 주요 활동이 하나의 기업에서 이루어졌으나, 현재에는 각 활동들이 서로 다른 기업에 의해 이루어지고 지역적으로도 서로 다른 국가에서 이루어지는 일이 잦아졌다.

이러한 상황은 공급망 내의 리드타임을 증가시키고, 공급활동의 불확실성을 증가시켰다. 또한 서로 다른 지역에서 업무가 이루어짐에 따라 지역별 발생 비용 및 생산성의 차이, 관세 및 법제도의 차이, 문화적 차이 등을 모두 고려해서 공급망 전체에 걸친 계획을 수립하고 통제하는 것이 중요한 과제로 등장하였다.

4) IT 환경개선에 따른 여건 조성

IT 환경개선 요인은 기술발전을 바탕으로 공급망관리의 수단을 개선하여 공급망관리 업무의 중요성을 확대하였다.

공급망관리의 정의에서 보듯이 공급망에 참여한 조직 간의 정보공유는 공급망관리 업무를 가능케 하는 기본적인 인프라에 해당한다.

만약 공급망의 참여 기업이 공유하는 온라인 정보시스템이 구축되어 있다면, 소매상의 판매정보가 온라인으로 실시간 관리가 되고, 이러한 정보가 제조업체 및 공급업체에까지 실시간으로 전달될 수 있다. 그렇다면, 소비자 수요 패턴의 변화가 실시간으로 전달되므로 이에 대한 대비가 빠르게 이루어질 수 있다.

인터넷 기반 SCEM시스템(Supply Chain Event Management system)은 글로벌 공급망에 넓게 산재된 협력업체들로의 연결을 가능하게 해주었다.

클라우드 기반 컴퓨터시스템은 다른 정보시스템을 가진 조직이 정보를 서로 공유할 수 있게 한다. 무엇보다도 중요한 것은 공급망에서 서로 다른 실체들이 협력적이어야 하고 정보공유를 해야 한다는 것이다.

3. 글로벌 사고방식과 현지화 전략[16)]

기업이 글로벌 공급망을 효율적으로 구축하고 관리하기 위해서는 중앙통제 및 현지관리 사이의 균형점을 찾는 것이 중요하다. 글로벌 조직은 전 세계적으로 비즈니스를 수행하면서 특정 업무와 기능들은 중앙집권적으로, 다른 부분은 현지관리를 통해서 운영할 필요성이 있다. 〈표 7-3〉은 글로벌관리와 현지관리의 몇 가지 예를 보여준다.

▶▶ 표 7-3. 글로벌 관리와 현지관리

글로벌 관리	현지관리
• 생산과 운송의 최적화를 위한 네트워크 구축	• 고객서비스관리
• 정보시스템 개발과 관리	• 시장정보 수집
• 재고배치	• 창고관리와 현지배송
• 조달에 관한 결정	• 고객수익분석
• 국제운송수단 및 조달에 관한 결정	• 현지영업과 마케팅관리와의 연결
• 트레이드오프분석 및 공급사슬비용관리	• 인적자원관리

글로벌 기업은 과거의 경험을 바탕으로 비용절감 및 서비스 강화는 국가적 수준의 효율적 물류관리를 통해서 달성할 수 있다. 현재 기업은 더 넓은 영역에서 이러한 교훈을 적용시키기 위해 노력하고 있다.

16) 임세헌 · 박근수, 「전게서」, p. 262.

글로벌 시장에서 기업의 성공과 실패의 차이는 제품기술의 우수성 또는 마케팅 커뮤니케이션 보다는 글로벌 공급망을 관리하고 통제하는 방식에 의해서 결정될 것이다.

4. 글로벌 공급망관리의 기본원칙[17)]

1) 시장수요 변화에 대응하는 민첩성 개선

고객과 시장의 변화를 지속적으로 모니터링하여 변화의 원인을 분석 이해하고 대응해야 한다. 대부분의 기업들에서 여러 가지 현실적인 제약으로 인해 시장변화를 뒤늦게 파악하고 이에 긴급하게 대응하는 것이 과잉재고나 매출하락 등과 같은 공급망에서 발생하는 대부분의 이슈들의 주요 원인이 된다. 최종소비자들이 어떤 물건을 어떤 소비패턴으로 구매하는지에 대한 시장의 실제 판매정보를 확보하여 시장수요 변화에 대응하는 민첩성을 개선해야 한다

소비자들의 실제 판매 데이터 변화에 가시성(Visibility) 확보와 이에 대한 분석 및 이해는 기업에게 수요변화의 근본원인을 파악하게 하여 시장변화에 효과적으로 대응할 수 있는 기반을 제공한다.

2) 공급사와의 협업

시장수요의 불확실성은 기업들에게 안전재고라는 명목하에 막대한 재고비용을 감수하면서 시장수요의 불확실성에 대처하게 된다. 따라서 기업은 자재구매 및 구매계획의 변동을 최소화하는 노력을 하고,

---

17) 진현웅, 「전게서」, pp. 42~46.

단기에서 중장기의 자재구매계획에 대한 가시성을 공급사에 제공하여야 한다. 또한, 공급업체들은 제조업의 구매계획 및 요청에 대해 신뢰할 수 있는 납기회답을 제공하여 서로 윈-윈할 수 있는 공급망을 구성해야 한다. 공급사와의 협업은 구매 안정화 및 안전재고 수량의 감소로 전체 공급망의 비용을 절감할 수 있는 기반을 제공한다.

3) 계획대로 생산, 구매, 실행 운영

모든 기업들은 다양한 판매, 생산, 구매계획들을 수립, 운영한다. 하지만, 계획이 수립되어 배포되는 순간부터 재고, 제조현황 등 현장 데이터의 부정확성, 여러 제약사항들의 불충분한 반영, 시장의 변화 등으로 인해 의미 없는 계획이 되거나 실행조차 할 수 없게 되는 경우가 빈번히 발생한다. 따라서 정확한 현황과 제약사항들을 반영하여 신속하게 계획을 수립할 수 있는 능력이 확보되어야 하고, 계획대로 실행하는 데 장애가 되는 요소들을 모니터링하고 그 근본원인을 파악하여 해결해야 한다.

4) 기업의 타 조직, 부서 간 목표를 연계하여 일관된 계획을 수립하고, 실행 동기화

기업에는 개발, 영업, 마케팅, 구매, 생산, 경영기획, 관리 등 많은 조직들이 운영되고, 조직의 이익을 위해서 때로는 상이한 목표를 향하여 별개의 조직인 것처럼 보인다. 예를 들어 관리부문은 재고 최소화를 위해 시장수요가 없으면 생산을 하지 말라는 정책을 제시하고, 생산부문은 생산성 극대화를 위해 계속 생산한다.

이러한 조직목표 및 운영의 불협화음을 제거하기 위해서는 조직과 부서 간이 서로 연계된 목표를 수립하고, 그 목표의 달성 과정을 모니터링할 수 있는 성과지표를 디자인하며 주기적으로 상호 간 조정하는 회의를 운영해야 한다. 그리고 조직 간 연계목표의 운영 및 조정과정을 모니터링하고, 기업 내 여러 조직의 목표를 동기화할 뿐만 아니라 그에 따른 실행과정의 동기화도 촉진하게 된다.

5) 고객 주문에 빠르고 정확하게 대응하고, 차질 발생 시 상황의 가시성 제공

현실적으로 대부분의 경우에 고객이 원하는 제품의 재고 유무를 파악하기 어렵다. 재고가 없는 경우에는 제품이 생산 중에 있는지 또는 생산이 되고 있지 않다면 그 제품이 언제 생산계획에 반영되어 출고될 수 있는지를 파악할 수 있어야 한다. 또한 고객에게 정확한 납기약속 정보를 제공하기 위해서는 완제품재고, 생산라인에 있는 제품, 또는 생산계획에 반영되어 있는 제품수량과 고객주문이 명확하게 연계되어야 한다. 그리고 납기약속과 관련하여 차질이 발생할 경우를 대비하여 배송, 출고, 생산현황 및 생산계획 변경 등을 지속적으로 모니터링해야 하며, 차질 발생이 예상되거나 차질이 발생한 경우에는 고객에게 사전정보를 제공하여야 한다.

6) 공급망의 설계

공급망의 설계는 일회성 업무가 아니며, 공급망에서 발생하는 비용을 고려하기 보다는 시장변화에 민첩하게 대응할 수 있는 기반 준비의 방향성을 우선적으로 고려해야 한다.

공급망의 설계는 단순히 물류네트워크 설계나 공장부지 선정에 국한된 것이 아니다. 여기에는 적정재고 수준 설정, 배송전략, 구매전략, 우수협력업체 선정 등의 정책적인 의사결정을 포함하여야 한다. 따라서 고객대응력 및 민첩성 강화에 집중하여 계획 및 실행 프로세스, 조직, 성과지표 등을 구성하여야 한다. 또한, 물리적인 공급망 네트워크와 공급망운영 전략이나 정책 또한 민첩성을 확보할 수 있는 방향으로 설계되어야 한다.

7) 유연한 정보시스템 기반 확보

기업규모와 상관없이 대부분의 기업들은 기업운영을 위해 ERP (Enterprise Resource Planning), APS(Advanced Planning System), 기준정보시스템, 내부에서 개발된 시스템 등 다양한 형태의 정보시스템을 활용한다. 이러한 정보시스템은 대부분 현장의 현실을 모델링하여 각종 기업정보의 저장 및 처리, 의사결정지원, 시뮬레이션 및 최적화를 통한 계획수립 등에 활용된다.

신제품 출시, 새로운 고객 및 공급사와의 거래로 인한 거래형태의 변경, 새로운 생산방식 또는 배송방식 등의 적용 등으로 인해 현장의 프로세스가 변경되거나 새로운 프로세스가 발생하게 되면 정보시스템에도 이러한 변화가 반영되어야 한다.

따라서 현장변화에 빠르게 대처할 수 있는 민첩한 정보시스템 기반을 구축, 운영함으로써 지속적으로 변화하는 현장의 현실을 반영할 수 있는 체제가 마련되어야 한다.

5. 디지털 공급망과 미래 물류

미래사회에 어떤 일이 벌어질 것인지를 생각하는 것은 미래에 대한 준비이며 동시에 미래사회를 만들어가는 과정일 것이다. 공급망의 디지털화, 온라인화에 따른 고객 요구사항에 대처하기 위해서는 더 빠르고 정확한 공급망 구현이 필요하며, 이를 위해 공급망관리를 위한 신기술의 개발과 적용이 불가피하게 되었다.[18)]

1) 미래 물류 트렌드와 공급망의 변화

기업들이 디지털화가 활발해짐에 따라 공급망을 다시 설계하기 시작하고 있다. 미래 공급망관리의 형태인 공급망관리에 Industry 4.0 개념을 적용한 공급망 4.0을 실현하기 위한 새로운 기술이 적용될 것이다.

기존의 공급망은 더 많은 파트너와 거래할 수 있는 능력을 가진 네트워크로 연결된 디지털 공급망, 스마트 공급망으로 이동할 것이다. 디지털 공급망에서는 모든 공급망 단계간에 상호연계성, 자료 수집 및 공유, 실시간 커뮤니케이션이 가능하며, 지능적 의사결정, 고객서비스를 위한 효율적이고 즉각적인 응대가 가능해질 수 있다.

2) 미래 물류산업의 변화추이와 기술발전

미래 물류혁신은 여러 가지 측면에서 살펴 볼 수 있는데, 요약하면

---

18) 양창호, 「물류와 SCM의 이해」, 박영사, 2021, p. 465.

혁신기술을 기반으로 보다 탄력적이며 유연한 지능화된 시스템으로 발전하고 있다고 볼 수 있다. 첫 번째는 공급망 내 수요에 맞추어 물류 기능을 확장 혹은 축소할 수 있는 유연성 높은 탄력적 물류로 발전할 것이다. 두 번째 물류산업의 미래는 데이터를 어떻게 잘 활용하는가 하는 데이터 기반 물류가 될 것이다. 세 번째는 탄소배출량을 줄이기 위한 지속가능한 공급망 구축이다.

미래 물류 산업에 영향을 미칠 기술은 사물인터넷, 자율주행차량/드론, 인공지능/머신러닝, 로봇, 디지털 추적, 3D 프린팅, 가상현실(VR), 블록체인 기술 등이다.

3) 공급망에 미치는 미래 물류기술의 영향

미래 물류산업에 가장 획기적인 영향을 줄 것으로 예상되는 기술은 블록체인, 인공지능, 공유경제라고 볼 수 있다.

(1) 블록체인

블록체인 기술은 데이터 위변조가 어려운 일종의 분산 데이터베이스로 관련한 기록을 신뢰성 있게 저장, 관리할 수 있는 수단을 제공할 수 있다. 이에 따라 복잡한 문서시스템, 신뢰성 부족 등으로 야기되는 기존 공급망의 비효율성을 해소하고, 공급망에서 요구되는 여러 상세 정보를 제공, 공유할 수 있을 것으로 기대된다. 블록체인 기술이 공급망에 가져 올 변화는 다음과 같다.

- 원자재 공급원에 대한 투명성을 제공 - 이력정보 추적
- 리콜관리 개선 - 제품이 생산된 배치(batch)를 추적

- 공급망상의 상태 모니터링에 대한 투명성 증가 - 온/습도 관리 등
- 기록의 디지털화를 통한 불필요한 서류작업 부하를 절감 - 서류의 신뢰성 보장
- 선적 효율성 향상 - 가용한 적재 공간 확보 가능
- 공급망상에서 보다 협력적인 비즈니스 모델로 전환 - 정보 가시성 향상

(2) 인공지능

인공지능은 자연어처리, 인공신경망 학습, 이미지 및 음성인식 등의 기술을 활용하여 수많은 데이터의 분석을 통해 인간처럼 스스로 학습하여 생각하고 의사결정을 내리는 지능형 기술이다. 공급망에서 생산하는 대량의 데이터를 인공지능에 학습시킴으로써 예측력을 키울 수 있다. 인공지능이 공급망에 가져 올 변화는 다음과 같다.

- 인공지능을 통한 생산비용 및 재고 최소화 - 로봇 또는 특수카메라로 화물 분리 및 손상 정도에 대응
- 공급망 효율성을 향상할 수 있는 통찰력 제공 - 공급망에 영향을 주는 주요 요인 효과적으로 판별
- 빅 데이터 분석을 통한 수요예측 능력 정확도 향상 - 수요예측에 필요한 변수를 실시간으로 추적, 수집 및 측정
- 생산계획 및 공장 작업 스케줄 조정 능력 향상 - 수주 생산 가능
- 물류기업의 고객 접점을 맞춤화하여 고객 충성도와 고객 유지율 향상 - 예측 물류로 고객 경험을 한 차원 높은 수준으로 올림

(3) 공유경제

공유경제는 모바일 기기의 발전에 따른 연결의 증가, 온라인 결제 수단 다양화, 알고리즘의 발전 등의 기술적 배경과 세계 경제 침체에 따른 자산 공유의 필요성 증대, 밀레니엄 세대의 가치관 변화 등에 따라 주목 받기 시작하였다.

물류분야에 있어서 자원의 공동 활용은 일부 활용되어 왔던 전략이다. 물류산업이 자원이 서로 다른 위치와 시간상을 움직이는 네트워크형 산업이라는 특성을 고려할 때, 물류기업간의 자원공유가 큰 효과를 거둘 수 있다. 공규경제가 물류분야에 가져 올 변화는 다음과 같다.

- 보관분야에서는 e커머스의 성장, 소형 전자상거래 판매자의 급증, 대형화물에서 소형화물로의 변화 등 다양한 환경 변화에 따라 물류 창고에 대한 수요가 확장
- 미국의 DHL은 물류센터의 남는 공간을 활용하기 위해 DHL Spaces서비스를 시작했고, 모바일 앱에서 센터의 위치, 센터 내 사용가능한 공간의 너비와 예약을 위한 연락처 정보를 제공
- 운송 분야에서 공유경제형 서비스는 이미 투자·구축되어 있는 자산을 더욱 효과적으로 사용할 수 있는 방법
- 공차율을 낮추기 위해 운행 정보를 공유하여 동일 경로상에 있는 화물의 추가 적재를 통해 트럭 사용률을 최대화하고자 하는 스타트업 및 기업이 등장

향후 우버화(Uberization)와 공유경제는 공급망의 흐름을 주도하면서 기업 전반에 걸쳐 제조 및 운송 자산 공유를 구현해 나갈 것이다.

제4절 글로벌 공급망 위험관리

2011년 3월 11일 일본 태평양 해안에서 발생한 지진과 그 여파로 인한 쓰나미로 막대한 재산피해 및 인명손실을 기록했다. 쓰나미 여파로 후쿠시마에 위치한 원자력발전소는 큰 피해를 입었고, 상당량의 방사능 물질이 누출되는 사고가 발생했다. 일본 공급업체에 의존한 전 세계 기업들은 공급부족 현상 및 확장된 리드타임을 겪게 됨으로써 일본 내 산업에서 도미노효과가 발생했다. 일본에서 지진은 상대적으로 빈번하게 발생하지만 지진이 미치는 파급효과는 예측하기 쉽지 않다.

일본 대지진의 영향으로 자국 메이커는 물론 BMW, 포드, PSA 등 글로벌 메이커들의 생산에 차질을 야기했다. 즉 일본은 물론 세계 자동차 산업 전반으로 급속하게 확산되었고, 도요타, 혼다 등 일본 메이커와 미국, 유럽 업체까지 부품 부족에 따른 감산으로 이어졌다.

한국자동차산업연구소(KARI)는 리스크를 줄이기 위해 전략적 재고보유, 부품의 분산 생산과 조달, 지역 완결형 공급망 구축, 글로벌 유연 생산 시스템 등의 대응방안이 필요하다고 지적했다.

또한 2020년 초 중국에서 코로나 19의 발발로 세계 거대 공급처인 중국의 생산공장이 대거 문을 닫으면서 중국발 공급망 위험으로 인해 전 세계 상품과 부품의 조달, 생산, 물류의 많은 부분이 붕괴되었다. 최근에는 코로나 팬데믹으로 인해 반도체, 요소수, 희토류 등의 소재 등 전 산업에 이르러 확산되고 있는 가운데 공급망 위험을 개선하기 위해 기업들은 대비를 하여야 한다.

1. 글로벌 공급망 위험관리의 정의

위험(risk)은 '미래에 일어날 수도 있는 다양한 사건들이 만들어 내는 영향'으로 해석될 수 있다. 공급망의 관리 관점에서도 유사하게 정의될 수 있다. 공급망 위험(supply chain management risk)은 공급망 네트워크를 효율적으로 예측, 조정 및 관리하기 어려운 내・외적 불확실성(uncertainty)으로부터 발생하는 재화 혹은 정보 흐름의 단절이다.

글로벌 공급망 위험관리(global supply chain risk management)는 글로벌 기업의 경영활동에 부정적으로 작용하는 위험 요인을 사전에 예측하여 관리하는 것이다. 공급망 위험관리가 공급망의 위험을 체계적으로 관리하기 위한 기법으로, 공급망의 취약성을 줄이고, 저항력을 증진시키면서 회복력을 강화시키는 것이다.

따라서 글로벌 공급망 위험관리는 '글로벌 공급망의 운영에 필요한 자원과 일련의 활동에 직접적으로 영향을 미치거나 혹은 그로 인해 발생할 수 있는 불확실성 혹은 위험요소를 관리하기 위한 절차를 공급망의 파트너와 협업하여 적용하는 것'으로 정의할 수 있다.

2. 글로벌 공급망 위험요인

글로벌 공급망관리의 목적이 원자재의 공급에서부터 최종 소비자에 이르는 재화 및 정보의 흐름을 관리하는 데 있다는 사실을 생각해 보면, 공급망 위험은 그 목적을 달성하는데 방해가 될 수 있는 모든 요인들로 정의될 수 있다. 공급망 위험을 확인하기 위해 네트워크 전반에 걸친 위험의 주요 유발요인은 다음과 같다.

1) 공급위험

공급위험(supply risk)은 글로벌 조달 단계에서 발생하는 위험이다. 이는 기업의 경쟁력을 저해하거나 고객의 삶과 안전을 위협하는 사건이 발생할 가능성이 높은 위험이다. 여기에 해당하는 위험은 공급업체의 파산, 생산능력의 부족이나 재정적 문제로 인한 공급중단, 가격변동, 품질 및 기술의 불확실성 등이 원인이 될 수 있다.

기업이 공급중단에 얼마나 취약한가? 공급위험은 글로벌 소싱, 주요 공급업체에 대한 의존도, 잘못된 공급관리 등으로 인해 높아진다. 국제물류, 운송부문의 구매물류에서 발생할 수 있는 위험들도 공급위험에 포함된다.

2) 수요위험

수요위험(demand risk)은 부정확한 수요예측으로 인해 재고부족, 배송지연, 부적절한 신상품 도입 등으로 시장에서 판매기회를 상실하는 경우의 위험이다.

아웃바운드(out bound) 흐름과 관련되어 기업들이 고객에 의해 요구된 물량과 다양한 제품 및 서비스 선택에 영향을 미칠 수 있는 사건의 가능성에 해당하는 위험이다. 수요가 얼마나 변동하는가? 채찍효과(bullwhip effect)로 인해 수요가 확대되는가? 한 제품에 대한 수요가 다른 제품에 대한 수요에 영향을 주는가?

3) 프로세스위험

프로세스가 얼마나 빠른 회복성을 가지고 있는가? 프로세스상에서 변동성의 원인을 파악하고 있는가? 병목(bottleneck)현상은 어디에서 발생하는가? 필요한 경우에 얼마나 많은 추가생산이 요구되는가?

4) 통제위험

통제위험(control risk)은 공급망관리의 계획단계, 사전 통제에 해당되는 위험이다. 따라서 내부통제 시스템에 의해서 공급중단 및 왜곡현상이 일어날 가능성은 얼마인가? 문제점을 미리 확인할 수 있는 조기 경보시스템을 가지고 있는가? 데이터를 얼마나 적시적소에 이용할 줄 아는가?

5) 환경위험

환경위험(environment risk)은 기업이 글로벌 시장을 대상으로 공급망을 운영함에 있어 발생되는 정치, 경제, 사회, 문화적 환경이 포함된다. 공급망 전체에 걸쳐서 외부요인에 취약한 곳은 어디인가? 매우 예외적인 외부 사건이 어떤 유형이고 언제 발생할지 예측하는 것은 쉽지 않지만 그것의 영향 정도는 평가할 필요가 있다.

6) 운영위험과 안전위험

운영위험(operational risk)은 기업 내부에 존재하면서 핵심 설비의 고장이나 진부화, 노후화로 인해 제조 또는 프로세싱 역량의 부족으로 발생하는 위험이다. 안전위험은 글로벌 공급망관리에서 원재료의 공급으로부터 최종 고객에게 상품과 서비스가 전달되는 과정에서 발생하는 안전에 관한 위험이다.

3. 글로벌 공급망 위험관리 체계

글로벌 공급망 위험은 공급망 시장의 불확실성에 의하여 발생한다. 기업들은 가능성이 있는 위험을 체계화하고 우선 순위를 정하는데 형식적인 프로세스가 필요하다. 글로벌 공급망 위험관리 프로세스는 무엇보다 공급망의 위험을 인지하는 것이 중요하다. 그리고 위험을 분석하고 그 위험의 결과에 대해 적절하게 대응하는 전략이 필요하다.

글로벌 공급망관리 체계는 위험 식별, 위험 평가, 위험 처리, 위험 모니터링의 총 4단계로 구성되어 있다. 각 단계에 대한 개념과 주요 활동은 다음과 같다.

1) 위험 식별

기업이 가지고 있는 혹은 해당 기업이 속한 공급망의 구조와 역할 등을 분석하여 관련된 위험을 발견하는 과정으로, 식별된 위험에 대한 프로파일을 작성한다.

공급망 위험을 식별하는 데 있어 가장 기본적인 방법은 위험요인의 위치를 기반으로 위험을 식별하는 방법이다.

글로벌 공급망 위험에 대해 체계적인 평가를 하기 위해 무엇보다 위험을 정확하게 식별하는 것이 중요하다. 그 식별된 위험을 과학적으로 분석하는 경험을 축적하고, 만약 공급망의 흐름을 중단시킬 수 있는 위험이 발생했을 때에는 대응력을 높이는 방안을 강구해야 한다.

2) 위험 평가

식별된 위험에 대한 중요도를 평가하는 단계로 정성적 평가와 정량적 평가방법을 통해 위험요인의 발생 확률과 발생했을 때의 영향력을 정량적인 수치로 표현하며, 그 결과를 바탕으로 위험의 관리 대상과 우선순위를 결정한다.

공급망관리는 무엇보다 기업의 잠재적 원천이 무엇이며, 공급망의 취약성이 어느 정도인가를 파악하는 것이 중요하다. 이를 위해서는 글로벌 시장에서 글로벌 공급망에 속한 기업들과 지속적인 파트너십을 유지하면서 기업가치를 높일 필요가 있다. 심층적인 위험 사후평가를 위해서 확인된 위험을 구체적으로 이해하는 것은 추가 위험이 발생했을 때 공급망의 위험을 효율적으로 하는 데 기여할 수 있다.

3) 위험 처리

우선순위가 높은 위험요인을 대상으로 관리 전략을 수립하는 단계이며, 위험의 발생 확률을 낮추는 방법과 위험요인의 발생에 따른 영향력을 낮추는 방안을 수립한다.

기업의 관리자들은 공급망관리에 가장 크게 영향을 미칠 수 있는 위험을 찾아내서 집중하여 이 위험을 실제로 줄이거나 제거할 수 있는 방법들을 고민해야 한다.

4) 위험 모니터링

위험요인에 대한 처리과정에서 실제 목표한 수준을 달성하였는지, 혹은 위험의 처리과정에서 다른 위험요인이 증가하거나 새로운 위험요인이 발견되지 않는지를 감시하는 단계이다.

기업은 공급자의 가동시간 비율, 공급망 중단의 구간, 역량 그리고 유연성 등과 같은 공급자 특성과 기업이 지니는 위험에 대한 내적 비용에 따라 위험완화 전략을 수립하고 수행해야 한다.

4. 글로벌 공급망 위험관리 전략 수립[19)]

공급망 위험의 우선순위평가 결과에 따라 가장 시급하게 그리고 집중적으로 관리되어야 할 위험요인을 식별한 후, 이를 실제로 관리하기 위한 전략 및 도구의 개발이 필요하다. 관리의 대상이 되는 위험의 유형과 근본원인, 영향의 범위 등을 고려해 가장 효과적이고 효율적인 방법을 설계할 필요가 있다.

1) 공급망 위험관리 전략 유형

공급망 위험을 관리한다는 것은 해당 위험으로부터 파생되는 영향을

---

19) 서용원 · 박건수 · 신광섭 · 정태수, 「전게서」, pp. 483~488.

최소화하는 것이다. 이를 위해서는 가장 효과적이면서도 효율적인 대안을 설계하는 것이 중요하다. 그 전에 공급망 위험관리 전략을 수립하는데 있어서 지켜져야 할 기본 원칙은 다음과 같다.

- 공급망 자체가 정상적으로 운영될 수 있을 것
- 공급망 위험의 관리가 효과적일 것
- 제한된 자원을 효율적으로 활용할 것

개별 공급망 위험을 관리하기 위한 가장 좋은 방법은 개별 위험에 맞게 설계하는 것이지만 일반적으로 사용되는 여덟 가지 기법을 소개한다.

(1) 무시 혹은 수용

공급망 위험 중 가장 반대되는 두 가지 유형에 해당하는 관리 전략으로 무시(ignore)와 수용(accept)을 들 수 있다. 무시는 공급망 위험이 우선순위가 높지 않을 때 사용하는 기법이다. 거의 발생하지 않거나 발생하더라도 그 영향력이 매우 작아 정상적인 공급망 운영에 미치는 영향이 극히 미비하기 때문에 아무런 사전조치를 취하지 않는 전략이다.

반대로 해당 위험이 발생할 경우 아주 극심한 영향을 받게 되지만 그 발생 확률이 아주 낮거나 혹은 해당 기업이 취할 수 있는 방법이 없는 경우에는 그대로 수용할 수밖에 없다.

(2) 위험의 발생 확률 감소

공급망 위험을 관리하는 방법으로 가장 일반적인 접근법은 바로 그 위험요인이 발생할 가능성을 미리 제한하는 것이다. 즉, 발생 확률을 낮추는 방법이라고 할 수 있다. 위험요인의 발생 확률을 낮추기 위해서는 다음의 서로 다른 두 가지 방식이 선택적으로 활용될 수 있다.

- 공급망 위험을 발생시킬 수 있는 활동을 제거하여 근본적으로 해당 위험의 발생 가능성을 낮추는 방법(예 : 수요의 변화가 크지 않은 대체 상품의 개발)
- 해당 공급망 위험의 발생을 방지할 수 있는 활동을 공급망 운영에 추가하는 방법(예 : 재고보유 수준의 향상)

(3) 위험의 영향력 감소

위험관리의 능력과 범위의 한계 등 다양한 사유로 인해 공급망 위험의 발생 가능성을 낮출 수 있는 방법을 선택할 수 없다면 해당 위험이 발생했을 때의 영향력을 낮추는 방법을 설계해야 한다. 예를 들어, 자동차를 운전할 때 안전벨트를 착용하는 것은 사고가 발생했을 때 그 피해를 최소화하기 위한 방법이다.

(4) 위험의 이전 및 분담

위험의 이전은 근본적으로 동일한 위험을 처리하기 위해 필요한 능력을 갖춘 조직으로 그 위험의 관리 책임을 이전하는 것이다. 이는 위험을 관리하는 데 있어 필요한 비용을 크게 절감시킬 수 있기 때문에 효율성을 높일 수 있는 방법이다.

만약, 위험을 이전받은 조직에서 위험을 제거하거나 그 영향력을 제한할 수 있는 능력을 갖추지 못한다면 오히려 위험의 이전을 통해 위험의 수준이 높아지거나 또 다른 위험을 야기할 수 있게 된다.

위험의 분담은 동일한 위험요인에 관련된 공급망 운영 활동에 서로 다른 두 개 이상의 조직이 참여하여 위험으로부터 발생하는 피해와 이익을 서로 분담하는 것이다.

(5) 긴급 대책 수립

공급망 위험이 발생했을 때 어떻게 행동해야 하는 지를 사전에 정의해 두고 이에 따라 위험에 대응하는 방법이다. 만약 위험이 발생하지 않는다면 정상적인 상황을 가정하여 설계된 운영 방식을 유지한다. 이러한 긴급 대책은 공급망 운영에 참여하는 모든 이해관계자의 관리자, 구성원들 모두가 사전에 충분히 인지하고 있어야 하며, 모두 동일한 방식으로 행동한다는 상호 신뢰가 밑받침되어야 한다. 화재 대피 계획, 국가 재난 방지 메뉴얼 등이 여기에 해당된다.

(6) 위험에 대한 적응

공급망 위험요인 중에서 해당 기업이 피하거나 거부할 수 없는 상황이라면, 그 상황에 적응(adaptation)하는 방법이 필요하다. 최근의 인터넷과 무선통신기술의 발전으로 대부분의 기업이 모바일 기반의 업무 수행 환경을 구축하는 것은 공급망에 참여하는 대부분의 기업이 처한 변화이며, 이러한 변화를 적극적으로 내부 변화요인으로 활용하지 않는 경우 시장에서의 경쟁력을 잃을 수도 있다. 위험에 효율적으로 적응하기 위해서는 기업 내부의 프로세스와 의사결정 체계가 간결하고 유연해야만 한다. 이러한 전략을 통해 기업이 시장에서 새로운 기회를 확보할 가능성이 있으나, 그 성공과 실패의 결과는 기업이 주도적으로 만들어 내거나 결정할 수 있는 것은 아니다. 공급망을 둘러싼 다양한 환경 자체가 변화의 속도와 방향을 결정하기 때문에 효과적으로 위험에 적응하기 위한 전략을 수립하는 것이 어렵다.

(7) 변화에 대한 사전 저항

정부의 정책이나 규제와 같이 전체 산업 혹은 특정 몇몇 기업의 운영에 큰 영향을 미칠 수 있는 환경 변화는 필요한 경우 실제 발생하지 않도록 사전에 저항하여 위험을 제거할 필요가 있다. 물론 모든 저항은 합법적인 범위 내에서 행해져야 한다. 개별기업으로서는 방법과 영향력에 있어 한계가 존재할 수 있으며, 이 경우 전체 기업이 연합하거나 대표 기구 혹은 비영리 조직을 통해 저항하는 방법이 있다.

(8) 사업 환경의 이전

마지막으로 기업이 직면한 위험의 발생 확률을 낮추거나 혹은 영향력을 제한하기 어렵고, 그 외에는 다른 관리 전략을 수립하기 어려운 경우에 취하는 방법으로 위험 요인이 존재하는 사업 환경을 좀 더 안전한 지역으로 이전할 수 있다. 이 방법은 기업의 사업장 이전이 예산, 비용, 정책, 제도 측면에서 모두 가능하다는 전제 조건하에 매우 신중하게 고려되어야 한다. 그 범위는 물리적인 시설의 이전에서부터 시장 혹은 산업까지도 포함한다.

2) 위험관리 대안의 설계

공급망 위험관리 전략이 전체적으로 공급망 위험에 대한 관리 방향을 수립하는 것이라면 공급망 위험을 직접적으로 관리하기 위해서는 개별 위험에 대한 대안을 설계해야만 한다. 대안을 설계하는 방법은 개별 위험별로 다양하게 존재하지만 여기서는 공급망의 재설계, 변동의 축소, 재고 수준 증가, 협업 수준 향상, 외주 계약 및 보험 활용에 대해서 살펴본다.

(1) 공급망의 재설계

공급망 위험은 근본적으로 공급망의 구조에 따라 달라진다고 할 수 있다. 따라서 특정 공급망 위험 수준이 증가하거나 더 많은 위험에 노출된다고 한다면, 공급망의 구조를 이에 맞추어 재설계할 필요가 있다. 재설계 방법으로는 직렬로 연결된 구조를 병렬 구조로 전환하거나 공급망의 일정 경로를 단순화하는 등을 예로 들 수 있다.

(2) 변동의 제거 또는 축소

위험이 미래에 발생할 수 있는 불확실한 시간에 의해 발생되는 것이라는 정의를 생각할 때 근본적으로 위험은 변동성에 의한 결과라고 할 수 있다. 따라서 공급망 운영의 변동성을 축소시키는 것만으로도 위험의 발생 확률을 낮추거나 영향을 축소시킬 수 있다.

(3) 재고 수준의 증가

재고 수준을 높이는 것은 재고 유지비용의 증가를 가져오기 때문에 일반적으로 공급망 운영에서 지양되어야 할 방법으로 여겨진다. 특히, 전통적인 공급망 운영기법 중 린 생산 체제는 지속적으로 공급망 내 존재하는 재고의 양을 줄여가는 방식이다. 이러한 방법은 결국 외부 변화에 대한 대응능력을 낮추는 결과를 가져오기 때문에 일정 수준까지는 재고의 양을 확보할 필요가 있다. 특히, 고객 주문의 변동성이 높을수록 재고 수준을 더욱 높게 유지해야 한다.

(4) 협업 수준 향상

최근 공급망관리를 둘러싼 가장 뚜렷한 변화는 정보통신기술의 발전에 따른 파트너 간 의사소통과정의 편의성 향상이라고 할 수 있다. 이를 통해 공급망을 구성하는 주체 간 협업이 용이해졌으며, VMI (Vendor Managed Inventory)와 CPFR(Collaborative Planning, Forecasting and Replenishment)방법 등이 가능해졌다. 이를 통해 공급망 운영의 반응 속도를 높일 수 있고, 변동성으로 인해 발생하는 위험요인을 제거할 수 있다.

(5) 외주계약

공급망 위험관리 대안 중 위험의 전가에 해당하는 외주계약은 해당 기업이 가지지 못한 위험관리 역량을 갖춘 전문기업에게 해당 위험요인을 관리하도록 의뢰하는 방법이다. 외주기업을 선택할 때는 해당 기업이 가진 능력에 대한 신뢰성, 지속 가능성에 대해 충분한 사전 검토가 필요하다. 만약 해당 기업의 위험관리 기능에 문제가 발생할 경우 기업 내부적으로 관리하는 것보다 더 큰 피해를 입게 되기 때문이다.

(6) 보험의 활용

마지막으로 기업이 선택할 수 있는 공급망 위험관리 대안으로는 보험 상품을 활용하는 방법이다. 이 방법은 공급망 운영과정에서 발생하는 모든 위험 요인에 적용 가능한 방법으로 실제로 공급망 운영을 정상화하거나 확률을 낮추는 데는 도움이 되지 못하지만 기어이 지출해야 하는 비용의 일부를 보험금으로 충당하는 방법이다. 즉, 공급망의 운영이 붕괴됨으로 인해 발생하는 다양한 피해로부터 벗어나기 위한 최후의 수단이다.

3) 공급망 위험관리 대안 수립 사례

공급망 위험은 그 유형이 비슷하다고 하더라도 공급망이 가진 특징, 제조 및 판매하는 상품과 서비스의 특징, 고객의 요구사항 등에 따라 그 발생 형태의 대응방안이 다르게 나타나는 것이 일반적이다. 심지어 동일한 산업 내 서로 다른 기업은 동일한 공급망 위험에 대해 서로 다른 전략과 대응 방안을 설계하기도 한다. 〈표 7-4〉는 대표적인 글로벌 기업이 설계한 공급망 위험관리 대안의 사례이다.

▶▶ 표 7-4. 글로벌 기업의 공급망 위험관리 대안 설계 사례

기업	위험	공급망 위험관리 대안
토요타	배송 지연	• 다양한 업무를 동시에 수행할 수 있는 관리자 육성 • 조립 라인의 유연성 증가
	공급 불확실성	• 생산 공장 수준에서는 단일 공급업체와 전담 계약 • 기업 내부 관점에서는 글로벌 공급 네트워크 운영
시스코	배송 지연	• 생산시설의 분산 배치 및 가치 기반의 재고관리
	공급 불확실성	• 필요한 수보다 4~5개의 추가 공급업체 확보
델	공급 지연	• 재고의 가치를 기반으로 한 배송방법의 다양화
아마존	수요와 재고의 불확실성	• 전체 시장의 수요 통합 → 단일 시장 형성

5. 글로벌 공급망 위험관리와 유연성

공급망의 위험관리 전략 중 가장 대표적인 방안은 유연성(flexibility)[20]을 향상시키는 것이다. 다음 리앤펑(Li & Fung)의 사례는 유연성 강화를 통한 성공적인 위험관리를 보여 준다.[21]

리앤펑은 홍콩에 본사를 두고 아시아 지역에 4,000개 이상의 공급자를 보유한 면직물 및 장난감 생산 판매 기업이다. 이 기업은 시장 환경의 변화에 빠르게 적응하는 방법을 통해 위험의 발생 가능성과 영향력을 낮추고 있다.

이 기업이 취하고 있는 대표적인 위험관리 전략은 다음의 두 가지이다.

① 문제가 발생한 공급자의 생산 계획을 아시아 지역 내 다른 공급업체로 쉽게 이전할 수 있다.
② 공급자가 재무적 위험에 노출되었을 때 사업의 연속성을 유지할 수 있도록 일정 수준의 자금을 지원한다.

이러한 두 가지 전략은 외부 환경 변화에 의해 공급업체가 위험에 노출되었을 때 전체 공급망의 유연성을 높여 사전에 수립된 생산 계획을 차질 없이 수행할 수 있도록 하는 원동력이 되었다.

특히, 리앤펑은 유연성 강화 전략을 일관성(Alignment)[22], 수용성

---

20) 유연성(flexibility)은 수요량의 변화 또는 기존 제품믹스에 빠르게 대처할 수 있는 역량을 의미한다.
21) 서용원 · 박건수 · 신광섭 · 정태수, 「전게서」, p. 498.
22) 일관성(Alignment)은 데이터가 일정하게 유지되어 변형이나 모순되지 않는 성질을 말한다.

(Adaptability)[23], 민첩성(Agility)[24]의 강화를 의미하는 트리플 A(Triple A)의 원칙을 높이는 방법을 통해 구체화하였다고 볼 수 있다. 결국, 리앤펑은 공급망 운영의 유연성을 높이는 방법을 통해 공급자들로 인해 발생할 수 있는 다양한 위험에 대해 능동적으로 대처할 수 있게 되었다.

공급사슬 관리(SCM) 서비스의 최강자 - 리앤펑 -

세계가 주목하고 있는 홍콩의 리엔펑은 무엇이 다른가? 예를 들어보자. 미국의 한 의류회사가 이 회사에 남자 반바지 30만 벌을 주문했다고 하자. 그러면 이 회사는 단추는 중국, 지퍼는 일본, 실은 파키스탄에 주문한다. 파키스탄에서 받은 실은 중국에 보내 직물로 짜서 염색하게 한다. 이 모든 것을 꿰매는 일은 방글라데시의 공장에 맡긴다. 고객이 빠른 배달을 원하기 때문에 세 개의 공장에서 나누어 작업한다. 이러한 방식으로 전 세계 40개국에 퍼져 있는 3만 개의 공급업자(공장)와 200만 명 이상의 공급업체 직원들을 움직인다. 이 회사가 직접 월급을 주는 종업원은 그중 1퍼센트도 안 된다. 경영계에서는 이러한 비즈니스모델을 '공급사슬 관리(SCM) 서비스'라고 표현한다. 이러한 비즈니스모델을 실천하고 있는 회사가 리엔펑이다.

리앤펑은 공급사슬 관리(SCM)를 통해 많은 공급업자(공장)와 공급업체 직원들을 움직인다. 경영계에서 이 회사가 하는 일은 공급사슬 관리 서비스로 제조 원가가 싼 공장을 찾고 고객이 원하는 서비스와 연결해 주는 것이다. 디자인, 원자재 조달, 제조 관리, 운송, 통관에 이르기까지 고객사가 원하는 모든 일을 대행한다. 리엔펑이 주목받고 있는 이유는 그들이 단 하나의 공장도 소유하지 않으면서도 공급사슬 관리로 막대한 부가가치를 창출하고 있기 때문이다. 그들의 공급사슬 관리가 얼마나 대단한지는 간단한 비교로 알 수 있다. 첨단 정보기술(IT)을 활용해 의류제

23) 수용성(Adaptability)은 일정 수준의 수요를 만족시킬 수 있는 이용가능한 자원을 나타낸다.

24) 민첩성(Agility)은 시장수요를 만족시킬 수 있도록 제품 생산량을 신속히 조정할 수 있고, 한 상품에서 다른 상품으로 신속히 전환할 수 있는 역량을 말한다.

품을 주문에서부터 선적까지 걸리는 시간이 고작 보름 남짓밖에 안 되는데, 패스트패션으로 알려진 스페인 업체 자라와 견주어 보았을 때 공급망 회전속도가 두 배에 달한다. 이러한 혁신적인 공급사슬 관리는 글로벌 유통 업체들이 잇따라 리앤펑에 러브콜을 보내게 했고, 월마트를 비롯해 전 세계 40개국 1,000여 개 업체가 리앤펑과 함께 하고 있다. 안정적이고 장기적인 파트너십을 위한 "30/70'법칙 리앤펑이 이와 같은 성공을 거둘 수 있었던 것은 특별한 그들만의 공급사슬 관리 방식이었다. 최고경영자인 펑 회장의 '네트워크 편성'이 그것인데, 이 경영관을 바탕으로 국경이 무의미한 현재의 평평한 세상에서 차세대 사업모델로 매출을 올리고 있다. 평평한 세상은 네트워크를 구축해 기업을 관리할 기회를 만들어주고 이에 따라 점차 보다 유연하고 고객중심적인 시스템 구축의 필요가 있는 상황에서 리앤펑은 네트워크로 기업 가치와 지적재산권을 활용하는 것은 물론 통합과 국경의 가교 역할을 해 가치를 만들어낸다.

리앤펑만의 공급사슬 관리 방식도 조금 다르다. 이는 '느슨한 연계(loose coupling)'다. 이는 30/70법칙이라고도 불리는 리앤펑만의 독특한 공급사슬 관리 방식이다. 리앤펑은 어느 공급업체와도 파트너십을 맺을 때 독점적으로 일하기를 원하지 않는다고 한다. 이 원칙은 네트워크에 참여할 공급업체의 신뢰를 잃지 않으면서 그들에게 여유를 제공해 리앤펑과의 계약 외에 다른 일을 수행할 수 있는 기회를 제공한다. 리앤펑은 공급 업체가 자신들 외의 다른 업체와도 일해야 새로운 아이디어가 생기고 새로운 것을 배울 수 있다고 생각한다. 리앤펑의 독특한 '30/70 법칙'은 리앤펑이 공유가치를 창출할 때 밑거름이 된 법칙이다. 그들은 공급 사슬은 늘 배우고 늘 변화하면서 살아 숨을 쉬는 것이 가장 이상적인 것이라고 믿는다. 그래서 느슨한 연계 법칙을 충실히 적용하고 있으며, 오히려 이러한 느슨한 연계가 유연성을 보장하면서 역설적으로 안정적이고 장기적인 파트너십을 이룰 수 있다고 생각한다. 함께 상생이 성공으로 이끈다. 리앤펑은 오케스트라의 지휘자처럼 모든 흐름이 막힘없이 흘러갈 수 있도록 공급사슬망을 지휘하는 것이다. 리앤펑의 모습에서 우리가 해야 할 것은 무엇이며, 이에 대한 해답은 어디에 있는지를 고민해 본다. 우리가 리엔펑이 될 수는 없지만, 리엔펑의 파트너와의 공존 가치를 추구하는 모습에서 우리가 앞으로 어떤 방향으로 걸어가야 하는지 엿볼 수 있다.

리엔펑은 공적 가치를 기본으로 한 공급 사슬, 더 나아가 느슨한 연계로 평균 3만 개의 공장에 활기를 불어넣었다. 독점과 이익을 중시하는 비즈니스 세계에서 자신만의 이익이 아닌 함께 상생하는 마음이 리엔펑의 성공을 이루어냈다고 생각한다. 나눔과 공존의 가치, 즉 공적인 가치를 착실히 수행해온 리엔펑은 아무도 생각하지 못한 새로운 공급사슬 관리 모델로 지역사회에 활기를 불어넣었다. 공적 가치를 추구한 지휘자가 어려움을 극복하고 어떤 새로운 협주곡을 물류업계에 울려 퍼지게 할지 궁금해진다.

(자료 : Li&Fung홈페이지, 사례뉴스(http://www.casenews.co.kr))

찾아보기

ㄱ

ㄴ

ㄷ

ㄹ

ㅁ

ㅂ

ㅅ

ㅇ

ㅎ

저자약력

• 김종칠

중앙대학교 대학원 경영학박사
한진그룹 운영위원회 종합물류팀 선임연구원
대한상공회의소 물류관리 연구회 연구위원(비상근)
한국무역협회 국제무역연수원 자문위원(비상근)
사단법인 대한상사중재원 중재인
한국물류학회, 한국무역학회, 한국항만경제학회 부회장
한국국제상학회 회장
부산세관 특허보세구역 심사위원
대한상공회의소 무역영어 시험 출제위원
국토교통부 시행 공인 물류관리사 출제위원 및 선정위원(다수)
부산광역시 물류정책심의위원
국가공인 검수/검량사 출제위원
Michigan State University Global e-Commerce Instructor과정 수료
2004.12 ~ 2006.2 : University of North Carlonina(Greensboro) Visiting Scholar
신라대학교 상경대학장
신라대학교 기획처장
현) 신라대학교 항공물류학과 교수

• 신군재

한양대학교 대학원 경제학박사
대한상사중재원 근무
플로리다 아틀랜틱 대학교(Florida Atlantic University / FAU) 방문교수
신라대학교 글로벌비즈니스대학 학장
한국중재학회 부회장
대한상사중재원 중재인 / 부산지방법원 조정위원
현) 신라대학교 항공물류학과 교수

• 이응석

한양대학교 대학원 경영학박사
호주 University of New South Wales, AGSM, 방문교수(정보통신부 IT국비유학)
한국국제경영학회 1995년도 최우수 박사학위논문상 수상
한국토지개발공사 책임연구원
서남대학교 경영학과 조교수 역임
신라대 GTEP 사업단장 역임
현) 신라대학교 항공물류학과 교수

• **이양우**

부산대학교 국제전문대학원 국제학박사 수료
부산대학교 경영경제연구소 연구교수
㈜세종경영컨설팅 물류전략팀 이사 역임
한국유통정보학회, 한국무역통상학회 이사
한국능률협회, 중소기업기술정보진흥원 평가위원
현) 신라대학교 항공물류학과 교수

글로벌 비즈니스의 이해

2022년 8월 15일 1판 1쇄 인쇄
2022년 8월 20일 1판 1쇄 발행

공저자 김종칠 · 신군재 · 이응석 · 이양우
발행인 김 학 민
조 판 아 람 기 획

07285
발행처 서울특별시 영등포구 선유로 3길 10, 617호
도서출판 **탑 북 스**
등 록 2009.12.21 제 2016-000101 호
전 화 02)365-2223 팩스 02)365-2224

정가 23,000 원

ISBN 979-11-90247-65-8-93320